JN309812

わかりやすい紛争解決シリーズ③

わかりやすい
敷金等返還紛争解決の手引 第2版

園部 厚 著

発行 民事法研究会

【目次】

第1部　解決の手引

序 ···2

第1章　建物賃貸借契約 ··4

第1節　賃貸借 ···4

第1　賃貸借の内容 ···4

1　契約自由の原則 ··4
2　賃貸住宅標準契約書 ··4
　【書式1】　賃貸住宅標準契約書（改訂版）（モデル） ··········6
　【書式2】　契約書に添付する原状回復の条件に関する様式 ··········42
3　住宅賃貸借契約時の説明 ···49
4　礼金・更新料 ··49
　(1)　礼金・更新料とは ···49
　　ア　礼金とは ···49
　　イ　更新料とは ···50
　(2)　礼金・更新料と消費者契約法10条 ····························50
　　ア　礼金と消費者契約法10条 ·································50
　　イ　更新料と消費者契約法10条 ·································51

第2　賃料債権 ···53

1　賃料債権の意義 ··53
2　賃料債権と相続 ··53

かりやすく解説したつもりである。本書が、敷金返還問題の解決に、役に立つものとなれば幸いである。

　平成21年10月

園　部　　　厚

はしがき

　住むための家を借りることを経験したことがある方は多いと思われる。そして、その借りた家を住み替え等の理由から退去することも経験したことがある方は多いと思われる。

　家を借りる場合、借主から貸主に対して、敷金を差し入れる場合が多いと思われる。この敷金については、借主の借家からの退去時に、それまでの賃料等の借主が貸主に支払うべきものを差し引いて、その残額が貸主から借主に返還されることになる。ただ、その際に、敷金から差し引かれるべき金額について、貸主と借主の認識が違うことがあり、敷金返還の額について争いが生ずることがある。

　従前は、敷金の額がそれほど高額ではないということで、借主側が敷金返還の額に不満があっても、そのままになっていた場合も多いと思われる。それが、平成10年1月1日から施行された現行民事訴訟法で創設された、原則1回の期日で訴訟が終了する少額訴訟制度が、不満を有する一般市民に利用されるようになったことなどから、敷金返還請求の紛争が裁判所に持ち込まれる件数が増えているようである。

　本書は、「わかりやすい労働紛争解決の手引」「わかりやすい物損交通事故紛争解決の手引」に続くものとして、敷金返還請求紛争の解決のために必要なことを簡潔に解説したものである。

　敷金返還請求紛争の解決のためには、その前提として、建物の賃貸借およびその際に授受される敷金についての知識が必要になってくるので、本書では、まず、建物の賃貸借およびその際に授受される敷金や賃借人の賃貸建物明渡時の原状回復義務についての説明をし、その後に、敷金返還紛争解決のための手続について説明する。

　本書では、敷金返還の問題について、一般の人にもわかるように解説し、問題が生じたときに、自分でも解決できるように、裁判所の手続を含め、わ

第2版の刊行にあたって

　本書の初版刊行後、国土交通省住宅局の「原状回復をめぐるトラブルとガイドライン」が平成23年8月に「再改訂版」として、また、「賃貸住宅標準契約書」が平成24年2月に「改訂版」として、内容の改訂が行われたので、第2版ではそれに伴う内容の改訂を行っている。

　また、本書の初版刊行後、賃貸借終了に伴う賃借物件明渡しの際に、敷金の一定額を当然に控除してその残額を賃貸人が賃借人に返還する敷引特約が消費者契約法10条の消費者の利益を一方的に害する条項の無効の規定により無効となるとして、賃借人が賃貸人に対し、その当然に控除した額の返還を求める訴訟についての最高裁判例が出されたので、第2版ではそれに伴う内容の改訂も行っている。

　そして、それと関連する訴訟として、当初の賃貸借契約の際に賃借人から賃貸人に支払われる礼金や賃貸借契約更新の際に賃借人から賃貸人に支払われる更新料についても、消費者契約法10条に反して無効となるとして、賃借人が賃貸人に対し、賃貸人に対し支払われた礼金や更新料の返還を求める訴訟も提起されるようになり、更新料の返還についても最高裁判例が出されたので、第2版ではそれについての説明も行っている。

　上記の説明を加えた関係で、この第2版の書名は、「わかりやすい敷金等返還紛争解決の手引」としている。

　この第2版では、賃貸借における敷金等の問題について、紛争解決に必要な最新の情報を加え、わかりやすく解説したつもりであるが、本書が、賃貸借における敷金等の紛争にかかわった方々のお役に立てば幸いである。

　　平成24年2月

　　　　　　　　　　　　　　　　　　　　　　園　部　　　厚

第3　賃貸借の承継……54
1　賃貸人の地位の承継……54
(1)　対抗要件を具備した賃貸建物の所有権取得と賃貸借の承継………54
(2)　賃貸借の目的物所有権移転に伴う賃貸人の地位の譲渡と賃借人の承諾………54
2　賃借権の承継……55
(1)　背信行為と認めるに足りない特段の事情がある賃借権の譲渡と賃貸人への対抗………55
(2)　居住用建物の賃借人の死亡と賃借権の承継………55

第2節　敷金返還請求と原状回復義務……56
第1　敷金返還請求権の意義……56
1　敷金とは……56
(1)　建物賃貸借契約成立時に授受される金銭………56
(2)　敷　金………56
2　敷金返還請求権の発生時期………57
3　敷金関係の承継………57
4　敷引特約……58
(1)　敷引特約とは………58
(2)　敷引特約と消費者契約法10条………59
(3)　災害による賃貸借の終了と敷引特約………61
第2　原状回復義務……61
1　原状回復義務の意義……61
(1)　通常損耗の賃貸人負担………61
(2)　賃借人の善管注意義務違反による原状回復義務………62
(3)　原状回復をめぐるトラブルとガイドライン………62
　　［資料1］「原状回復をめぐるトラブルとガイドライン」（再改訂版）の概要………66

目　次

　　　［資料2］　賃貸住宅紛争防止条例＆賃貸住宅トラブル防止
　　　　　　　　　ガイドライン ……………………………………………69
　　(4)　原状回復にかかるトラブル防止のための措置 ………………70
　　【書式3】　入退去時の物件状況および原状回復確認リスト（例）……71
　　【書式4】　入退去時の物件状況確認チェックリスト（例）…………75
　　〈図1〉　原状回復の費用算定の手順（イメージ）……………………79
　　【書式5】　原状回復の精算明細書等に関する様式（例）……………80
　2　原則的な賃借人の原状回復義務の具体的内容 ……………………84
　　(1)　建物の損耗等の区分 ……………………………………………84
　　(2)　建物価値の減少等の区分 ………………………………………84
　　(3)　経過年数による経年変化・通常損耗分の控除 ………………86
　　　ア　経過年数と経年変化・通常損耗分の負担 …………………86
　　　イ　入居年数と賃借人の原状回復費用の負担 …………………86
　　　ウ　入居時の状況による当初の価値の判断 ……………………87
　　〈図2〉　入居時の状態と賃借人負担割合（耐用年数6年、
　　　　　　定額法の場合）……………………………………………………88
　　　エ　襖紙・障子紙、畳表の場合 …………………………………88
　　　オ　畳床・カーペット・クッションフロアの場合 ……………88
　　〈図3〉　畳床・カーペット・クッションフロア・壁・クロスの
　　　　　　残存価値 ………………………………………………………89
　　　カ　フローリングの場合 …………………………………………89
　　　キ　壁・クロスの場合 ……………………………………………90
　　　ク　襖・柱等の建具の場合 ………………………………………90
　　　ケ　設備機器の場合 ………………………………………………90
　　〔表1〕　主な設備の耐用年数 ………………………………………91
　　〈図4〉　設備機器の残存価値 ………………………………………91
　　　コ　鍵紛失によるシリンダーの交換の場合 ……………………92

6

目　次

(4) 賃借人が負担すべき原状回復の対象範囲 …………………………92
　ア　賃借人負担の単位 …………………………………………………92
　イ　襖紙・障子紙、畳表の場合 ………………………………………92
　ウ　カーペット・クッションフロアの場合 …………………………93
　エ　フローリングの場合 ………………………………………………93
　オ　壁・天井のクロスの場合 …………………………………………93
　カ　襖・柱等の建具の場合 ……………………………………………93
　キ　鍵の場合 ……………………………………………………………94
(5) 具体的な賃借人の負担部分の判断 …………………………………94
　ア　床・畳・カーペット等 ……………………………………………94
　　(ｱ)　畳の裏返し・表替え …………………………………………94
　　(ｲ)　家具の設置による床・カーペットのへこみ・設置跡 ……94
　　(ｳ)　畳の変色、フローリングの色落ち …………………………95
　　(ｴ)　カーペットに飲み物等をこぼしたことによるシミ・カビ …95
　　(ｵ)　冷蔵庫下のサビ跡 ……………………………………………95
　イ　壁・天井（クロス）………………………………………………96
　　(ｱ)　タバコのヤニ …………………………………………………96
　　(ｲ)　飼育ペットによるクロス等のキズ・臭い …………………96
　　(ｳ)　テレビ・冷蔵庫等の後部壁面の黒ずみ（電気やけ）………97
　　(ｴ)　クロスの変色 …………………………………………………97
　　(ｵ)　壁等の画鋲・釘等の穴 ………………………………………97
　　(ｶ)　賃借人所有のエアコン設置による壁のビス穴・跡 ………98
　　(ｷ)　台所の油汚れ …………………………………………………98
　　(ｸ)　結露を放置したことにより拡大したカビ・シミ …………99
　　(ｹ)　クーラーからの水漏れを賃借人が放置したことによる
　　　　壁の腐食 ………………………………………………………99
　　(ｺ)　天井に直接取り付けた照明器具の跡 ………………………99

7

目　次

　　　ウ　ふすま・柱等の建具 …………………………………………100
　　　　(ア)　破損等をしていない網戸の張替え ………………………100
　　　　(イ)　飼育ペットによる柱等のキズ・臭い ……………………100
　　エ　設備・その他 …………………………………………………101
　　　　(ア)　賃貸建物全体のハウスクリーニング ……………………101
　　　　(イ)　エアコンの内部洗浄 ………………………………………101
　　　　(ウ)　台所・トイレの消毒 ………………………………………101
　　　　(エ)　鍵の取替え …………………………………………………102
　　　　(オ)　ガスコンロ置場・換気扇等の油汚れ・スス ……………102
　　　　(カ)　風呂・トイレ・洗面台の水垢・カビ等 …………………102
　　　　(キ)　戸建賃貸住宅の庭に生い茂った雑草 ……………………102
　　〔表2〕　損耗・毀損等についての貸主・借主の負担一覧表 …………104
3　賃借人による通常損耗の負担 ……………………………………………107
　(1)　賃借人による通常損耗の負担～原状回復特約 ……………………107
　(2)　営業用物件の場合 ……………………………………………………108
　(3)　通常損耗賃借人負担と消費者契約法10条 …………………………109
　(4)　クリーニング費用の賃借人負担 ……………………………………111
　　ア　最高裁平成17年12月16日判決との関係 …………………………111
　　イ　クリーニング費用の賃借人負担と消費者契約法10条
　　　　（最高裁平成23年3月24日判決との関係）…………………………111
4　**修繕特約** ……………………………………………………………………112
　(1)　修繕特約とは …………………………………………………………112
　(2)　修繕特約と賃借人の修繕義務 ………………………………………112

目　次

第2章　敷金等返還紛争解決のための手続 …113

第1節　紛争処理機関等の利用 …113
第1　行政機関への相談 …113
［資料3］　賃貸住宅に係る相談・情報提供窓口一覧 …114
［資料4］　東京都の相談窓口一覧 …136
第2　国民生活センター、消費生活センター等 …137
［資料5］　消費者ホットライン …138
［資料6］　全国の消費生活センター一覧 …141
第3　仲　裁 …183
［資料7］　全国の「紛争解決センター」一覧 …183

第2節　民事調停 …185
第1　民事調停の申立て …185
第2　民事調停の管轄〔申立先〕 …186
第3　調停調書の効力 …187
第4　調停不成立の場合の訴訟の提起 …187

第3節　敷金等返還請求関係訴訟 …187
第1　訴訟手続の種類・選択 …187
1　訴訟手続 …187
2　督促手続の選択 …188
3　通常訴訟手続の選択 …188
【書式6】　通常訴訟における敷金返還請求事件の請求の趣旨・原因 …189
4　少額訴訟手続の選択 …190
【書式7】　少額訴訟の訴状書式──敷金返還 …192
【書式8】　少額訴訟の答弁書書式 …195

5　訴訟事件の管轄～訴訟事件の申立裁判所 ……………………199
　　　(1)　事物管轄～訴え提起をする第一審裁判所 ………………199
　　　　ア　通常訴訟の事物管轄～通常訴訟の第一審裁判所 ……199
　　　　イ　少額訴訟の事物管轄～少額訴訟の審理裁判所 ………199
　　　(2)　土地管轄～訴え提起をする裁判所の場所 ………………199
　　　　ア　被告の普通裁判籍（住所等）所在地を管轄する
　　　　　　裁判所への訴え提起 …………………………………199
　　　　イ　義務履行地を管轄する裁判所への訴え提起 …………199
　　6　申立手数料の納付 …………………………………………200
　　7　郵便切手等の納付 …………………………………………200
　　8　訴状副本、書証の写しの添付 ……………………………200
　　9　訴訟における主張立証の構造等 …………………………200
　　10　証拠の収集 …………………………………………………201
　　　(1)　書証等の提出 ………………………………………………201
　　　(2)　敷金返還請求訴訟における主な証拠 ……………………202
　　　　ア　建物賃貸借契約書 ……………………………………202
　　　　イ　敷金交付の領収証等 …………………………………202
　　　　ウ　入居時・退去時のチェックリスト・写真等 …………202
　　　　エ　明渡し・退去確認書等 ………………………………203
　　　　オ　賃貸人から請求された修理・クリーニングの見積書・領
　　　　　　収書 ……………………………………………………203
　　　　カ　建物の間取り図 ………………………………………203
　　　　キ　陳述書 …………………………………………………203
第2　敷金返還請求訴訟 …………………………………………203
　　1　敷金返還請求権の意義 ……………………………………203
　　2　敷金返還請求権の請求原因 ………………………………204
　　　(1)　敷金返還請求権の請求原因 ………………………………204

　　　　ア　建物賃貸借契約の締結 ……………………………………204
　　　　イ　アの契約に基づく賃貸建物の引渡し ……………………204
　　　　ウ　敷金授受の合意をし、これに基づいて賃借人が賃貸人に
　　　　　　敷金を交付したこと ………………………………………204
　　　　エ　上記アの賃貸借契約が終了したこと ……………………204
　　　　オ　賃借人が賃貸人に対し、エの賃貸借契約終了に基づき賃
　　　　　　貸建物を返還したこと ……………………………………204
　　　　カ　賃借人が賃貸人に対し、イからエまでの期間の賃料およ
　　　　　　びエからオまでの期間の賃料相当損害金を支払ったこと ……205
　　　(2)　付帯請求（遅延損害金）の起算日 ……………………………205
　　3　敷金返還請求における抗弁等 ……………………………………205
　　　(1)　賃料債務・賃料相当損害金債務以外の敷金から控除されるべ
　　　　き賃借人の債務の発生原因事実についての抗弁等 ………………205
　　　　ア　敷金からの損害金控除の抗弁 ……………………………205
　　　　イ　原状回復費用控除の抗弁 …………………………………206
　　　　　(ｱ)　賃借人が附属させた物の撤去費用控除の抗弁 ………206
　　　　　(ｲ)　毀損・汚損した部分の補修費用控除の抗弁 …………206
　　　　ウ　賃借人が賃貸人に対し上記ア・イの抗弁に係る債務を弁済
　　　　　　したことの再抗弁 …………………………………………207
　　　(2)　敷引特約の抗弁 ………………………………………………207
　　　(3)　通常損耗の賃借人負担特約・敷引特約の消費者契約法10条に
　　　　よる無効の再抗弁 …………………………………………………207
　　　(4)　上記(3)に対する賃貸人の信義に反し消費者の利益を一方的に
　　　　害するとはいえない特段の事情〔評価障害事由〕の再々抗弁 ………208
第3　敷金返還請求権確認の訴え
　　　　──敷金返還請求権についての確認の利益── …………………209
第4　礼金・更新料返還請求訴訟 ……………………………………………209

目 次

　　1　礼金・更新料返還請求の訴訟物 …………………………………209
　　2　礼金・更新料返還請求の請求原因 ………………………………210
　　3　礼金・更新料返還請求における抗弁 ……………………………210

第2部　資料編

Ⅰ　減価償却資産の耐用年数等に関する省令（昭和40年3月31日）（抄）…212
Ⅱ　東京における住宅の賃貸借に係る紛争の防止に関する条例
　　（平成16年3月31日）………………………………………………214
Ⅲ　東京における住宅の賃貸借に係る紛争の防止に関する条例施
　　行規則（平成16年3月31日）………………………………………216
Ⅳ　賃貸住宅紛争防止条例に基づく説明書（モデル）………………220
Ⅴ　手数料額早見表（平成16年1月1日施行）………………………224

条文索引 ……………………………………………………………………226
事項索引 ……………………………………………………………………227
判例索引 ……………………………………………………………………229
著者紹介 ……………………………………………………………………230

凡　例

1　法　令

民訴＝民事訴訟法

民訴規＝民事訴訟規則

民執＝民事執行法

民訴費＝民事訴訟費用等に関する法律

民訴費規＝民事訴訟費用等に関する規則

民調＝民事調停法

民調規＝民事調停規則

借地借家＝借地借家法

2　判例集、雑誌等

民集＝最高裁判所民事判例集、大審院民事判例集

裁判集民事＝最高裁判所裁判集民事

判時＝判例時報

判タ＝判例タイムズ

国民生活センターHP＝国民生活センターホームページ〈http://www.kokusen.go.jp〉

最高裁HP＝最高裁判所ホームページ〈http://www.courts.go.jp/saikosai/〉

㈶日本消費者協会HP＝財団法人日本消費者協会ホームページ〈http://www.jca-web.org/〉

㈳全国消費生活相談員協会HP＝社団法人全国消費生活相談員協会ホームページ〈http://www.zenso.or.jp/〉

東京都都市整備局HP＝東京都都市整備局ホームページ〈http://www.toshiseibi.metro.tokyo.jp/〉

日弁連HP＝日本弁護士連合会ホームページ〈http://www.nichibenren.or.jp/〉

兵庫県弁護士会HP＝兵庫県弁護士会ホームページ〈http://www.hyogoben.or.jp/〉

凡例

3 文　献

ア　民事実体法等関係
- 内田・民法Ⅱ〔3版〕＝内田貴著『民法Ⅱ〔第3版〕』（東京大学出版会）
- 民事訴訟における要件事実2巻＝司法研修所『民事訴訟における要件事実第2巻』
- 加藤ほか・要件事実の考え方と実務〔2版〕＝加藤新太郎・細野敦著『要件事実の考え方と実務〔第2版〕』（民事法研究会）
- 村田ほか・要件事実論30講〔2版〕＝村田渉・山野目章夫編著『要件事実論30講〔第2版〕』（弘文堂）
- 岡口・要件事実マニュアル2巻（3版）＝岡口基一著『要件事実マニュアル第2巻（第3版）』（ぎょうせい）
- 大島・民事裁判実務の基礎＝大島眞一著『〈完全講義〉民事裁判実務の基礎』（民事法研究会）

イ　民事手続法等関係
- コンメ民訴Ⅰ〔2版〕＝秋山幹男・伊藤眞・加藤新太郎・高田裕成・福田剛久・山本和彦著『コンメンタール民事訴訟法Ⅰ〔第2版〕』（日本評論社）
- 民事訴訟法講義案（再訂補訂）＝裁判所職員総合研修所監修『民事訴訟法講義案（再訂補訂版）』（司法協会）
- 大阪簡裁民事調停の手続と書式（判タ1130号）＝大阪地方裁判所簡易裁判所活性化民事委員会編『大阪簡易裁判所における民事調停事件の諸手続と書式モデル』（判例タイムズ1130号）

ウ　簡裁民事関係
- 加藤・簡裁民事事件の考え方と実務〔4版〕＝加藤新太郎編『簡裁民事事件の考え方と実務〔第4版〕』（民事法研究会）
- 中島ほか・少額訴訟の実務＝中島寛・岡田洋佑編『少額訴訟の実務』（酒井書店）

エ　消費者信用関係
- 消費者関係法執務資料〔改訂〕＝最高裁判所事務総局・民事裁判資料247号『消費者関係法執務資料〔改訂版〕』

オ　賃貸借等関係
- 原状回復トラブルとガイドライン（再改訂）＝国土交通省住宅局『原状回復をめぐるトラブルとガイドライン（再改訂版）』（平成23年8月）（財団法人不動産適正取引推進機構）
- 〔再改訂〕賃貸住宅原状回復ガイドライン＝㈶不動産適正取引推進機構編著『〔再改訂版〕賃貸住宅の原状回復をめぐるトラブル事例とガイドライン』（大成出版社）
- Q&A賃貸住宅原状回復ガイドラインの解説＝犬塚浩『Q&Aわかりやすい賃貸住宅の原状回復ガイドラインの解説と判断例』（大成出版社）
- 東京都・賃貸住宅トラブル防止ガイドライン＝東京都都市整備局住宅政策推進部不動産業課編『賃貸住宅トラブル防止ガイドライン』（住宅新報社）
- 太田・賃貸住宅管理の法的課題＝太田秀也著『賃貸住宅管理の法的課題』（大成出版社）

カ　判例解説
- 最高裁判例解説民事篇平成○年＝『最高裁判所判例解説民事篇平成○年度』（法曹会）

4　論　文

- 島田・建物賃貸借契約終了時における賃借人の原状回復義務（判タ1217号）＝島田佳子「建物賃貸借契約終了時における賃借人の原状回復義務について」（判タ1217号）56頁以下
- 加藤・賃借人の賃貸建物についての原状回復義務（市民と法43号）＝加藤新太郎「賃借人の賃貸建物についての原状回復義務——最判平17・12・16をめぐって——」市民と法43号21頁
- 山本ほか・敷金返還請求訴訟（市民と法51号）＝山本晃與・西村幸雄・山下友

凡 例

　　樹・迫田慶太・高橋留美子・岸幸民「敷金返還請求訴訟」市民と法51号45
　頁

第1部

解決の手引

序

　住むための家を借りることを経験したことがある方は多いと思われる。そして、その借りた家を住み替え等の理由から退去することも経験したことがある方は多いと思われる。

　家を借りる場合、借主から貸主に対して、敷金を差し入れる場合が多いと思われる。この敷金については、借主が借家から退去するときに、それまでの賃料等の借主が貸主に支払うべきものを差し引いて、その残額が貸主から借主に返還されることになる。ただ、その際に、敷金から差し引かれるべき金額について、貸主と借主の認識が違うことがあり、敷金返還の額について争いが生ずることがある。

　従前は、敷金の額がそれほど高額ではないということで、借主側が敷金返還の額に不満があっても、そのままになっていた場合も多いと思われる。それが、平成10年1月1日から施行された現行民事訴訟法で創設された、原則1回の期日で訴訟が終了する少額訴訟制度が、そのような一般市民に利用されるようになったことなどから、敷金返還請求の紛争が裁判所に持ち込まれる件数が増えているようである。

　また、国民生活センター等における敷金精算をめぐる紛争相談件数も、増加しているようである（原状回復トラブルとガイドライン（再改訂）119頁、〔再改訂〕賃貸住宅原状回復ガイドライン141頁）。そして、国民生活センター等における敷金精算をめぐる紛争相談において、請求が多いのは、クロス、クリーニング、畳に関するもののようである（原状回復トラブルとガイドライン（再改訂）120頁、〔再改訂〕賃貸住宅原状回復ガイドライン142頁）。

　最近、賃貸借終了に伴う賃借物件明渡しの際に、敷金の一定額を当然に控除してその残額を賃貸人が賃借人に返還する敷引特約が、消費者契約法10条の消費者の利益を一方的に害する条項の無効の規定により無効となるとし

て、賃借人が賃貸人に対し、その当然に控除した額の返還を求める訴訟が提起されるようになり、それについての最高裁判例（最判平23.3.24（平21㈷1679）最高裁 HP、最判平23.7.12（平22㈷676）最高裁 HP）が出されたので、第2版では、それについての説明をしている。そして、関連する訴訟として、当初の賃貸借契約の際に賃借人から賃貸人に支払われる礼金や賃貸借契約更新の際に賃借人から賃貸人に支払われる更新料についても、消費者契約法10条に反して無効となるとして、賃借人が賃貸人に対し、賃貸人に対して支払われた礼金や更新料の返還を求める訴訟も提起されるようになり、更新料の返還についても最高裁判例（最判平23.7.15（平22㈷863）最高裁 HP・金商1372号7頁）が出されたので、第2版ではそれについての説明も行っている。

　敷金等返還請求紛争の解決のためには、その前提として、建物の賃貸借およびその際に授受される敷金や建物明渡時の原状回復義務についての知識が必要となってくる。そこで、本書では、まず、第1部の第1章で賃貸借契約に関するものとして、賃貸借（第1節）およびその際に授受される敷金の返還請求と原状回復義務（第2節）についての説明をし、その後に、第2章で敷金等返還紛争解決のための手続として、紛争処理機関等の利用（第1節）、民事調停（第2節）、敷金等返還請求関係訴訟（第3節）について説明する。

　そして、第2部では賃貸住宅紛争の解決にかかわる資料を収録している。

第1章　建物賃貸借契約

第1節　賃貸借

第1　賃貸借の内容

1　契約自由の原則

　建物の賃貸借契約は、契約自由の原則により、民法、借地借家法等の強行法規に抵触しない限り、賃貸人および賃借人間で、その内容は自由に定めることができるのが原則である（原状回復トラブルとガイドライン〔改訂〕「本ガイドラインの位置づけ」、〔改訂〕賃貸住宅原状回復ガイドライン15頁）。

2　賃貸住宅標準契約書

　賃貸借契約をめぐる紛争を防止し、借主の居住の安定および貸主の経営の合理化を図ることを目的として、住宅宅地審議会の答申を受けて、平成5年1月29日に賃貸住宅標準契約書が作成された。賃貸住宅標準契約書は、平成24年2月に改訂され、その改訂の主なポイントは、①反社会的勢力の排除（7条）、②「明渡し時の原状回復」の内容の明確化（14条）の2点である（以下では、賃貸住宅標準契約書（改訂版）の〈概略〉（5頁）、〈モデル〉（6頁）、〈作成にあたっての注意点〉（20頁）、〈解説コメント〉（30頁）の順に収録しているので参照されたい）。

　ただし、上記1で述べたように、建物の賃貸借契約は、契約自由の原則により、強行法規に抵触しない限り、賃貸人および賃借人間で、その内容を自由に定めることができるのが原則であり、その使用が強制されるものではない。

〈賃貸住宅標準契約書概略〉

賃貸住宅標準契約書について

　「賃貸住宅標準契約書」は、賃貸借契約をめぐる紛争を防止し、借主の居住の安定及び貸主の経営の合理化を図ることを目的として、住宅宅地審議会答申（平成5年1月29日）を受けて作成した、内容が明確、十分かつ合理的な賃貸借契約書の雛形（モデル）です。

　平成24年2月には、賃貸借当事者間の紛争の未然防止の観点から、条項の改訂、解説コメントの追加を行った上で、「賃貸住宅標準契約書」の改訂を行ったところです。標準契約書は、その使用が法令で義務づけられているものではありませんが、この契約書を利用することにより、合理的な賃貸借契約を結び、貸主と借主の間の信頼関係を確立することが期待できることから、地方公共団体、関係業界等に対し通知及び通達を行うことにより普及に努めています。

〈標準契約書のポイント〉
1　頭書において物件の状況、契約期間、賃料等を一覧できるようにした。
2　賃料の改定事由を具体的に明らかにし、賃料の改定は当事者間の協議によることにした。（第4条）
3　共益費、敷金の性質を明らかにし、敷金については退去時の取扱いを明らかにした。（第5条、第6条）
4　国民生活や経済活動からの反社会的勢力でない旨を相互に確認することを規定した。（第7条）
5　借主が禁止・制限される行為の範囲を具体的に明らかにした。（第8条）
6　貸主には賃貸住宅の使用のために必要な修繕をなす義務があることを明らかにする一方、借主の修繕義務は、借主の故意・過失の場合にのみ生じること、明け渡し時の原状回復義務は、通常の使用に伴う損耗については生じないことを規定した。（第9条、第14条）
7　貸主からの契約解除事由を具体的に明らかにし、解除手続きを定めた。（第10条）
8　貸主は、原則として、借主の承諾を得なければ賃借物件に立ち入れないことを明確に規定した。（第15条）

※国土交通省HP参照

第 1 章　建物賃貸借契約

【書式１】　賃貸住宅標準契約書（改訂版）（モデル）

賃貸住宅標準契約書（改訂版）

（１）賃貸借の目的物

建物の名称・所在地等	名　称					
	所在地					
	建て方	共同建 長屋建 一戸建 その他	構造	木造 非木造（　　　　）		工事完了年 　　　　年 ［大規模修繕を （　　）年 実　施］
					階建	
			戸数		戸	
住戸部分	住戸番号	号室	間取り	（　）LDK・DK・K／ワンルーム／		
	面　積	㎡（それ以外に、バルコニー＿＿＿＿㎡）				
	設備等	トイレ	専用（水洗・非水洗）・共用（水洗・非水洗）			
		浴室	有・無			
		シャワー	有・無			
		洗面台	有・無			
		洗濯機置場	有・無			
		給湯設備	有・無			
		ガスコンロ・電気コンロ・IH 調理器	有・無			
		冷暖房設備	有・無			
		備え付け証明設備	有・無			
		オートロック	有・無			
		地デジ対応・CATV対応	有・無			
		インターネット対応	有・無			
		メールボックス	有・無			
		宅配ボックス	有・無			
		鍵	有・無　（鍵No.　　・　　本）			
			有・無			
			有・無			
	使用可能電気容量	（　　　　）アンペア				
	ガス	有（都市ガス・プロパンガス）・無				

	上水道	水道本管より直結・受水槽・井戸水
	下水道	有（公共下水道・浄化槽）・無

附属施設	駐車場	含む・含まない	___台分（位置番号：_____）
	バイク置場	含む・含まない	___台分（位置番号：_____）
	自転車置場	含む・含まない	___台分（位置番号：_____）
	物置	含む・含まない	
	専用庭	含む・含まない	
		含む・含まない	
		含む・含まない	

（2）契約期間

始期	年　　　月　　　日から	年　　　月間
終期	年　　　月　　　日まで	

（3）賃料等

賃料・共益費	支払期限		支払方法
賃　料　　　　　円	当月分・翌月分を毎月　　　日まで	振込、口座振替又は持参	振込先金融機関名： 預金：普通・当座 口座番号： 口座名義人： 振込手数料負担者：貸主・借主
共益費　　　　　円	当月分・翌月分を毎月　　　日まで		
			持参先：
敷　金	賃料　か月相当分　　　円	その他一時金	
附属施設使用料			
そ　の　他			

（4）貸主及び管理業者

貸　主 （社名・代表者）	住所　〒 氏名　　　　　　　　電話番号
管理業者	所在地　〒 氏名　　　　　　　　電話番号

7

第1章　建物賃貸借契約

（社名・代表者）	賃貸住宅管理業者登録番号　国土交通大臣（　　） 第　　　　　　号

※貸主と建物の所有者が異なる場合は、次の欄も記載すること。

建物の所有者	住所　〒 氏名　　　　　　　　　電話番号

（5）借主及び同居人

	借　　主	同　居　人
氏　　名	（氏名） （年齢）　　才	（氏名）　　　　（年齢）　　才 （氏名）　　　　（年齢）　　才 （氏名）　　　　（年齢）　　才 合計　　　　人
緊急時の連絡先	住所　〒 氏名　　　　　電話番号　　借主との関係	

（契約の締結）
第1条　貸主（以下「甲」という。）及び借主（以下「乙」という。）は、頭書(1)に記載する賃貸借の目的物（以下「本物件」という。）について、以下の条項により賃貸借契約（以下「本契約」という。）を締結した。
（契約期間及び更新）
第2条　契約期間は、頭書(2)に記載するとおりとする。
2　甲及び乙は、協議の上、本契約を更新することができる。
（使用目的）
第3条　乙は、居住のみを目的として本物件を使用しなければならない。
（賃料）
第4条　乙は、頭書(3)の記載に従い、賃料を甲に支払わなければならない。
2　1か月に満たない期間の賃料は、1か月を30日として日割計算した額とする。
3　甲及び乙は、次の各号の一に該当する場合には、協議の上、賃料を改定することができる。
　一　土地又は建物に対する租税その他の負担の増減により賃料が不相当となった場合
　二　土地又は建物の価格の上昇又は低下その他の経済事情の変動により賃

料が不相当となった場合
　　三　近傍同種の建物の賃料に比較して賃料が不相当となった場合
　（共益費）
第5条　乙は、階段、廊下等の共用部分の維持管理に必要な光熱費、上下水道使用料、清掃費等（以下この条において「維持管理費」という。）に充てるため、共益費を甲に支払うものとする。
2　前項の共益費は、頭書(3)の記載に従い、支払わなければならない。
3　1か月に満たない期間の共益費は、1か月を30日として日割計算した額とする。
4　甲及び乙は、維持管理費の増減により共益費が不相当となったときは、協議の上、共益費を改定することができる。
（敷金）
第6条　乙は、本契約から生じる債務の担保として、頭書(3)に記載する敷金を甲に預け入れるものとする。
2　乙は、本物件を明け渡すまでの間、敷金をもって賃料、共益費その他の債務と相殺をすることができない。
3　甲は、本物件の明渡しがあったときは、遅滞なく、敷金の全額を無利息で乙に返還しなければならない。ただし、甲は、本物件の明渡し時に、賃料の滞納、第14条に規定する原状回復に要する費用の未払いその他の本契約から生じる乙の債務の不履行が存在する場合には、当該債務の額を敷金から差し引くことができる。
4　前項ただし書の場合には、甲は、敷金から差し引く債務の額の内訳を乙に明示しなければならない。
（反社会的勢力の排除）
第7条　甲及び乙は、それぞれ相手方に対し、次の各号の事項を確約する。
　　一　自らが、暴力団、暴力団関係企業、総会屋若しくはこれらに準ずる者又はその構成員（以下総称して「反社会的勢力」という。）ではないこと。
　　二　自らの役員（業務を執行する社員、取締役、執行役又はこれらに準ずる者をいう）が反社会的勢力ではないこと。
　　三　反社会的勢力に自己の名義を利用させ、この契約を締結するものでないこと。
　　四　自ら又は第三者を利用して、次の行為をしないこと。
　　　ア　相手方に対する脅迫的な言動または暴力を用いる行為
　　　イ　偽計又は威力を用いて相手方の業務を妨害し、又は信用を毀損する行為
（禁止又は制限される行為）
第8条　乙は、甲の書面による承諾を得ることなく、本物件の全部又は一部

第1章　建物賃貸借契約

につき、賃借権を譲渡し、又は転貸してはならない。
2　乙は、甲の書面による承諾を得ることなく、本物件の増築、改築、移転、改造若しくは模様替又は本物件の敷地内における工作物の設置を行ってはならない。
3　乙は、本物件の使用に当たり、別表第1に掲げる行為を行ってはならない。
4　乙は、本物件の使用に当たり、甲の書面による承諾を得ることなく、別表第2に掲げる行為を行ってはならない。
5　乙は、本物件の使用に当たり、別表第3に掲げる行為を行う場合には、甲に通知しなければならない。

（契約期間中の修繕）
第9条　甲は、乙が本物件を使用するために必要な修繕を行わなければならない。この場合において、乙の故意又は過失により必要となった修繕に要する費用は、乙が負担しなければならない。
2　前項の規定に基づき甲が修繕を行う場合は、甲は、あらかじめ、その旨を乙に通知しなければならない。この場合において、乙は、正当な理由がある場合を除き、当該修繕の実施を拒否することができない。
3　乙は、甲の承諾を得ることなく、別表第4に掲げる修繕を自らの負担において行うことができる。

（契約の解除）
第10条　甲は、乙が次に掲げる義務に違反した場合において、甲が相当の期間を定めて当該義務の履行を催告したにもかかわらず、その期間内に当該義務が履行されないときは、本契約を解除することができる。
　一　第4条第1項に規定する賃料支払義務
　二　第5条第2項に規定する共益費支払義務
　三　前条第1項後段に規定する費用負担義務
2　甲は、乙が次に掲げる義務に違反した場合において、甲が相当の期間を定めて当該義務の履行を催告したにもかかわらず、その期間内に当該義務が履行されずに当該義務違反により本契約を継続することが困難であると認められるに至ったときは、本契約を解除することができる。
　一　第3条に規定する本物件の使用目的遵守義務
　二　第8条各項に規定する義務（同条第3項に規定する義務のうち、別表第1第六号から第八号に掲げる行為に係るものを除く。）
　三　その他本契約書に規定する乙の義務
3　甲又は乙の一方について、次のいずれかに該当した場合には、その相手方は、何らの催告も要せずして、本契約を解除することができる。
　一　第7条各号の確約に反する事実が判明した場合

二 契約締結後に自ら又は役員が反社会的勢力に該当した場合
4 甲は、乙が別表第1第六号から第八号に掲げる行為を行った場合は、何らの催告も要せずして、本契約を解除することができる。
（乙からの解約）
第11条 乙は、甲に対して少なくとも30日前に解約の申入れを行うことにより、本契約を解約することができる。
2 前項の規定にかかわらず、乙は、解約申入れの日から30日分の賃料（本契約の解約後の賃料相当額を含む。）を甲に支払うことにより、解約申入れの日から起算して30日を経過する日までの間、随時に本契約を解約することができる。
（契約の消滅）
第12条 本契約は、天災、地変、火災その他甲乙双方の責めに帰さない事由により、本物件が滅失した場合、当然に消滅する。
（明渡し）
第13条 乙は、本契約が終了する日までに（第10条の規定に基づき本契約が解除された場合にあっては、直ちに）、本物件を明け渡さなければならない。
2 乙は、前項の明渡しをするときには、明渡し日を事前に甲に通知しなければならない。
（明渡し時の原状回復）
第14条 乙は、通常の使用に伴い生じた本物件の損耗を除き、本物件を原状回復しなければならない。
2 甲及び乙は、本物件の明渡し時において、契約時に特約を定めた場合は当該特約を含め、別表第5の規定に基づき乙が行う原状回復の内容及び方法について協議するものとする。
（立入り）
第15条 甲は、本物件の防火、本物件の構造の保全その他の本物件の管理上特に必要があるときは、あらかじめ乙の承諾を得て、本物件内に立ち入ることができる。
2 乙は、正当な理由がある場合を除き、前項の規定に基づく甲の立入りを拒否することはできない。
3 本契約終了後において本物件を賃借しようとする者又は本物件を譲り受けようとする者が下見をするときは、甲及び下見をする者は、あらかじめ乙の承諾を得て、本物件内に立ち入ることができる。
4 甲は、火災による延焼を防止する必要がある場合その他の緊急の必要がある場合においては、あらかじめ乙の承諾を得ることなく、本物件内に立ち入ることができる。この場合において、甲は、乙の不在時に立ち入った

第1章　建物賃貸借契約

ときは、立入り後その旨を乙に通知しなければならない。
（連帯保証人）
第16条　連帯保証人（以下「丙」という。）は、乙と連帯して、本契約から生じる乙の債務を負担するものとする。
（協議）
第17条　甲及び乙は、本契約書に定めがない事項及び本契約書の条項の解釈について疑義が生じた場合は、民法その他の法令及び慣行に従い、誠意をもって協議し、解決するものとする。
（特約条項）
第18条　第17条までの規定以外に、本契約の特約については、下記のとおりとする。

　　　　　甲：　　　　　印
　　　　　乙：　　　　　印

別表第1（第8条第3項関係）

一	銃砲、刀剣類又は爆弾性、発火性を有する危険な物品等を製造又は保管すること。
二	大型の金庫その他の重量の大きな物品等を搬入し、又は備え付けること。
三	排水管を腐食させるおそれのある液体を流すこと。
四	大音量でテレビ、ステレオ等の操作、ピアノ等の演奏を行うこと。
五	猛獣、毒蛇等の明らかに近隣に迷惑をかける動物を飼育すること。
六	本物件を、反社会的勢力の事務所その他の活動の拠点に供すること。
七	本物件又は本物件の周辺において、著しく粗野若しくは乱暴な言動を行い、又は威勢を示すことにより、付近の住民又は通行人に不安を覚えさせること。
八	本物件に反社会的勢力を居住させ、又は反復継続して反社会的勢力を出入りさせること。

別表第2（第8条第4項関係）

一　階段、廊下等の共用部分に物品を置くこと。
二　階段、廊下等の共用部分に看板、ポスター等の広告物を掲示すること。
三　鑑賞用の小鳥、魚等であって明らかに近隣に迷惑をかけるおそれのない動物以外の犬、猫等の動物（別表第1第五号に掲げる動物を除く。）を飼育すること。

別表第3（第8条第5項関係）

一　頭書(5)に記載する同居人に新たな同居人を追加（出生を除く。）すること。
二　1か月以上継続して本物件を留守にすること。

別表第4（第9条第3項関係）

畳表の取替え、裏返し	ヒューズの取替え
障子紙の張替え	給水栓の取替え
ふすま紙の張替え	排水栓の取替え
電球、蛍光灯、LED照明の取替え	その他費用が軽微な修繕

別表第5（第14条関係）

【原状回復の条件について】
　本物件の原状回復条件は、下記Ⅱの「例外としての特約」による以外は、賃貸住宅の原状回復に関する費用負担の一般原則の考え方によります。すなわち、
- 賃借人の故意・過失、善管注意義務違反、その他通常の使用方法を超えるような使用による損耗等については、賃借人が負担すべき費用となる。
- 建物・設備等の自然的な劣化・損耗等（経年変化）及び賃借人の通常の使用により生ずる損耗等（通常損耗）については、賃貸人が負担すべき

第1章　建物賃貸借契約

　　　費用となる
ものとします。
　その具体的内容は、国土交通省の「原状回復をめぐるトラブルとガイドライン（再改訂版）」において定められた別表1及び別表2のとおりですが、その概要は、下記Ⅰのとおりです。

Ⅰ　本物件の原状回復条件
（ただし、民法90条及び消費者契約法第8条・第9条・第10条に反しない内容に関して、下記Ⅱの「例外としての特約」の合意がある場合は、その内容によります。）

1　賃貸人・賃借人の修繕分担表

賃貸人の負担となるもの	賃借人の負担となるもの
【床（畳・フローリング・カーペットなど）】	
1．畳の裏返し、表替え（特に破損してないが、次の入居者確保のために行うもの） 2．フローリングのワックスがけ 3．家具の設置による床、カーペットのへこみ、設置跡 4．畳の変色、フローリングの色落ち（日照、建物構造欠陥による雨漏りなどで発生したもの）	1．カーペットに飲み物等をこぼしたことによるシミ、カビ（こぼした後の手入れ不足等の場合） 2．冷蔵庫下のサビ跡（サビを放置し、床に汚損等の損害を与えた場合） 3．引越作業等で生じた引っかきキズ 4．フローリングの色落ち（賃借人の不注意で雨が吹き込んだことなどによるもの）
【壁、天井（クロスなど）】	
1．テレビ、冷蔵庫等の後部壁面の黒ずみ（いわゆる電気ヤケ） 2．壁に貼ったポスターや絵画の跡 3．壁等の画鋲、ピン等の穴（下地ボードの張替えは不要な程度のもの） 4．エアコン（賃借人所有）設置による壁のビス穴、跡 5．クロスの変色（日照などの自然現象によるもの）	1．賃借人が日常の清掃を怠ったための台所の油汚れ（使用後の手入れが悪く、ススや油が付着している場合 2．賃借人が結露を放置したことで拡大したカビ、シミ（賃貸人に通知もせず、かつ、拭き取るなどの手入れを怠り、壁等を腐食させた場合） 3．クーラーから水漏れし、賃借人

第 1 節　賃貸借

	が放置したため壁が腐食 4．タバコのヤニ、臭い（喫煙等によりクロス等が変色したり、臭いが付着している場合） 5．壁等のくぎ穴、ネジ穴（重量物をかけるためにあけたもので、下地ボードの張替えが必要な程度のもの） 6．賃借人が天井に直接つけた照明器具の跡 7．落書き等の故意による毀損
【建具等、襖、柱等】	
1．網戸の張替え（特に破損はしてないが、次の入居者確保のために行うもの） 2．地震で破損したガラス 3．網入りガラスの亀裂（構造により自然に発生したもの）	1．飼育ペットによる柱等のキズ、臭い（ペットによる柱、クロス等にキズが付いたり、臭いが付着している場合） 2．落書き等の故意による毀損
【設備、その他】	
1．専門業者による全体のハウスクリーニング（賃借人が通常の清掃を実施している場合） 2．エアコンの内部洗浄（喫煙等の臭いなどが付着していない場合） 3．消毒（台所・トイレ） 4．浴槽、風呂釜等の取替え（破損等はしていないが、次の入居者確保のために行うもの） 5．鍵の取替え（破損、鍵紛失のない場合） 6．設備機器の故障、使用不能（機器の寿命によるもの）	1．ガスコンロ置き場、換気扇等の油汚れ、すす（賃借人が清掃・手入れを怠った結果汚損が生じた場合） 2．風呂、トイレ、洗面台の水垢、カビ等（賃借人が清掃・手入れを怠った結果汚損が生じた場合） 3．日常の不適切な手入れもしくは用法違反による設備の毀損 4．鍵の紛失又は破損による取替え 5．戸建賃貸住宅の庭に生い茂った雑草

第1章　建物賃貸借契約

2　賃借人の負担単位

負担内容			賃借人の負担単位	経過年数等の考慮
床	毀損部分の補修	畳	原則一枚単位　毀損部分が複数枚の場合はその枚数分（裏返しか表替えかは、毀損の程度による）	（畳表）経過年数は考慮しない。
		カーペットクッションフロア	毀損等が複数箇所の場合は、居室全体	（畳床・カーペット・クッションフロア）6年で残存価値1円となるような負担割合を算定する。
		フローリング	原則㎡単位　毀損等が複数箇所の場合は、居室全体	（フローリング）補修は経過年数を考慮しない（フローリング全体にわたる毀損等があり、張り替える場合は、当該建物の耐用年数で残存価値1円となるような負担割を算定する。）
壁・天井（クロス）	毀損部分の補修	壁（クロス）	㎡単位が望ましいが、賃借人が毀損した箇所を含む一面分までは張替え費用を賃借人負担としてもやむをえないとする。	（壁〔クロス〕）6年で残存価値1円となるような負担割合を算定する。
		タバコ等のヤニ、臭い	喫煙等により当該居室全体においてクロス等がヤニで変色したり臭いが付着した場合のみ、居室全体のクリーニング又は張替費用を賃借人負担とすることが妥当と考えられる。	

建具・柱	毀損部分の補修	襖	１枚単位	（襖紙、障子紙） 経過年数は考慮しない。
		柱	１枚単位	（襖、障子等の建具部分、柱） 経過年数は考慮しない。
設備・その他	設備の補修	設備機器	補修部分、交換相当費用	（設備機器） 耐用年数経過時点で残存価値１円となるような直線（又は曲線）を想定し、負担割合を算定する。
	鍵の返却	鍵	補修部分 紛失の場合は、シリンダーの交換も含む。	鍵の紛失の場合は、経過年数は考慮しない。交換費用相当分を借主負担とする。
	通常の清掃※	クリーニング ※通常の清掃や退去時の清掃を怠った場合のみ	部位ごと、又は住戸全体	経過年数は考慮しない。借主負担となるのは、通常の清掃を実施していない場合で、部位もしくは、住戸全体の清掃費用相当分を借主負担とする。

設備等の経過年数と賃借人負担割合（耐用年数６年及び８年、定額法の場合）
賃借人負担割合（原状回復義務がある場合）

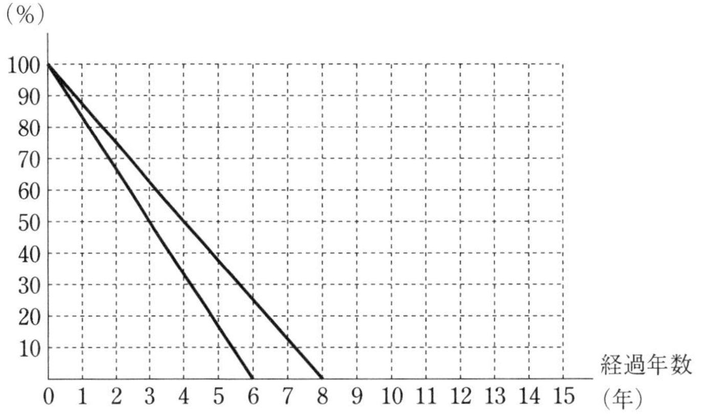

（%）
100
90
80
70
60
50
40
30
20
10
0 1 2 3 4 5 6 7 8 9 10 11 12 13 14 15
経過年数
（年）

3 原状回復工事施工目安単価
(物件に応じて、空欄に「対象箇所」、「単位」、「単価（円）」を記入して使用してください。)

対象箇所			単位	単価(円)
床				
天井・壁				
建具・柱				
設備・その他	共通			
	玄関・廊下			
	台所・キッチン			
	浴室・洗面所・トイレ			
その他				

※この単価は、あくまでも目安であり、入居時における賃借人・賃貸人双方で負担の概算額を認識するためのものです。
※従って、退去時においては、資材の価格や在庫状況の変動、毀損の程度や原状回復施工方法等を考慮して、賃借人・賃貸人双方で協議した施工単価で原状回復工事を実施することとなります。

Ⅱ 例外としての特約

　原状回復に関する費用の一般原則は上記のとおりですが、賃借人は、例外として、下記の費用については、賃借人の負担とすることに合意します（但し、民法第90条及び消費者契約法第8条・第9条・第10条に反しない内容に限ります）。
（括弧内は、本来は賃貸人が負担すべきものである費用を、特別に賃借人が負担することとする理由。）

```
┌─────────────────────────────────────────┐
│  ・                                      │
│                   甲：      印           │
│                   乙：      印           │
└─────────────────────────────────────────┘
```

記名押印欄

　下記貸主（甲）と借主（乙）は、本物件について上記のとおり賃貸借契約を締結したことを証するため、本契約書2通を作成し、甲・乙記名押印の上、各自その1通を保有する。

平　成　　　年　　　月　　　日

貸　主（甲）住所　〒

　　　　　　氏名　　　　　　　　　　　　　　　　　印

借　主（乙）住所　〒

　　　　　　氏名　　　　　　　　　　　　　　　　　印
　　　　　　電話番号

連帯保証人　住所　〒

　　　　　　氏名　　　　　　　　　　　　　　　　　印
　　　　　　電話番号

媒介　　　　免許証番号〔　　　〕知事・国土交通大臣（　　）第　　　号
　業者
　代理　　　事務所所在地

　　　　　　商　号　（名称）

　　　　　　代表者氏名　　　　　　　　　　　　　　印

　　　　　　宅地建物取引主任者　　登録番号〔　　〕知事　第　　　号
　　　　　　　　　　　　　　　　　　　　　氏　名　　　　　印

第1章　建物賃貸借契約

〈賃貸住宅標準契約書（改訂版）作成にあたっての注意点〉

〔頭書関係〕
　以下の事項に注意して記入し下さい。なお、該当する事項のない欄には「──」を記入してください。
(1)　関　係
　①　「名称」──建物の名称（○○マンション、○○荘など）を記入してください。
　②　「所在地」──住居表示を記入してください。
　③　「建て方」──該当するものに○をつけてください。
〔用語の説明〕
　　イ　共同建……1棟の中に2戸以上の住宅があり廊下・階段等を共用しているものや、2戸以上の住宅を重ねて建てたもの。階下が商店で、2階以上に2戸以上の住宅がある、いわゆる「げたばき住宅」も含まれます。
　　ロ　長屋建……2戸以上の住宅を1棟に建て連ねたもので、各住宅が壁を共通にし、それぞれ別々に外部への出入口を有しているもの。いわゆる「テラスハウス」も含まれます。
　　ハ　一戸建……1つの建物が1住宅であるもの。
　　ニ　その他……イ～ハのどれにも当てはまらないもので、例えば、工場や事業所の一部が住宅となっているような場合をいいます。
　④　「構造」──木造、非木造の該当する方に○をつけ、建物の階数（住戸が何階にあるかではなく、建物自体が何階建てか。）を記入してください。
〔用語の説明〕
　　イ　木造……主要構造部（壁、柱、床、はり、屋根又は階段をいう。）が木造のもの
　　ロ　非木造……カッコ内に、当該建物に該当する構造（建築基準法施行令等で規定されている構造）を記載してください。
　⑤　「戸数」──建物内にある住戸の数を記入してください。
　⑥　「工事完了年」──（記載例）

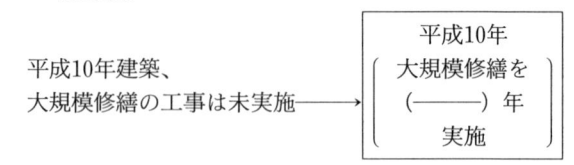

　　　　　　　　　　　平成10年建築、
　　　　　　　　　　　大規模修繕の工事は未実施──→　平成10年
　　　　　　　　　　　　　　　　　　　　　　　　　　大規模修繕を
　　　　　　　　　　　　　　　　　　　　　　　　　　（───）年
　　　　　　　　　　　　　　　　　　　　　　　　　　実施

昭和60年建築、平成20年に　　　　　昭和60年
大規模修繕の工事を実施　　——→　　大規模修繕を
　　　　　　　　　　　　　　　　　（平成20）年
　　　　　　　　　　　　　　　　　　　実施

〔用語の説明〕
・大規模修繕……建築基準法第2条第14号に規定する「大規模修繕」であり、建築物の「主要構造物」の一種以上について行なう過半の修繕。主要構造物としては、「壁、柱、床、梁、屋根、階段（建物の構造上重要でない間仕切り壁、間柱、つけ柱、上げ床、最下階の床、小梁、ひさし、局部的な小修繕、屋外階段その他これらに類する建築物の部分を除く）。」が対象となります。

⑦　「間取り」──（記載例）3DK→(3)LDK・DK・K／ワンルーム／
　　　　　　　　　　　　　　ワンルーム→ワンルーム／（　）LDK・
　　　　　　　　　　　　　　DK・K／
　　　　　　　　　　　　　　2LDKS→(2)LDK・DK・K／ワンルーム
　　　　　　　　　　　　　　／サービスルーム有り

〔用語の説明〕
　　イ　K……台所
　　ロ　DK……1つの部屋が食事室と台所とを兼ねているもの
　　ハ　LDK……1つの部屋が居間と食事室と台所を兼ねているもの

⑧　「面積」──バルコニーを除いた専用部分の面積を記入してください。バルコニーがある場合には、次の記載例のようにカッコを設けてその中にバルコニー面積を記入してください。

　（記載例）　　バルコニーを除いた専用面積　50㎡
　　　　　　　　バルコニーの面積　10㎡
　　　　　　──→　50㎡（それ以外に、バルコニー10㎡）

⑨　「設備等」──各設備などの選択肢の該当するものに○をつけ、特に書いておくべき事項（設備の性能、損耗状況など）があれば右の空欄に記入してください。

　「トイレ」：「専用・共用」の該当する方に○をつけ、「水洗・非水洗」のどちらかにも○をつけてください。
　「浴室」：浴室乾燥機や追焚機能がある場合はその旨を記入してください。
　「洗濯機置場」：洗濯機置場の場所（室内又は室外）や洗濯機防水パンの有無などを記入してください。
　「備え付け照明設備」：照明が備え付けてある場合、電球の種類や交換日などを記入してください。

第 1 章　建物賃貸借契約

　　　　「オートロック」：オートロックの解錠方法を記入してください。
　　　　「地デジ対応・CATV 対応」：該当する方法に○をつけ、その他注意書きがある場合は記入してください。
　　　　「インターネット対応」：回線種類（CATV、光回線、ADSL 回線等）や回線容量等の契約内容を記入してください。
　　　　「メールボックス」：メールボックスの解錠方法等を記入してください。
　　　　「宅配ボックス」：番号又はカードの貸出枚数を記入してください。
　　　　「鍵」：鍵番号と貸出本数をカッコの中に記入してください。
　　　　「使用可能電気容量」の数字をカッコの中に記入してください。選択肢を設けていない設備などで書いておくことが適当なもの（例：電話）があれば、「鍵」の下の余白を利用してください。
　⑩　「附属施設」——各附属設備につき、本契約の対象となっている場合は「含む」に○をつけ、本契約の対象となっていない場合は「含まない」に○をつけてください。また、特に書いておくべき事項（施設の概要、庭の利用可能面積など）があれば右の空欄に記入してください。
　　　　「駐車場」には契約台数と駐車位置番号を下線部に記入してください。
　　　　「バイク置場」には契約台数と駐車位置番号を下線部に記入してください。
　　　　「自転車置場」には契約台数と駐車位置番号を下線部に記入してください。
　　　　各附属施設につき、本契約とは別に契約をする場合には、選択肢の「含まない」に○をつけ、右の空欄に「別途契約」と記入してください。
　　　　選択肢を設けていない附属施設で書いておくことが適当なものがあれば、「専用庭」の下の余白を利用してください。
(2)　関　係
　　「始期」——契約を締結する日と入居が可能となる日とが異なる場合には、入居が可能となる日を記入してください。
(3)　関　係
　①　「支払期限」——当月分・翌月分の該当する方に○をつけてください。
　②　「支払方法」——振込又は自動口座振替の場合は、貸主側の振込先金融機関名等を記入してください。「預金」の欄の普通預金・当座預金の該当する方に○をつけてください。併せて、「振込手数料負担者」の欄の貸主・借主の該当する方に○をつけてください。
　③　「その他一時金」——敷金以外のその他一時金について特約をする場合は、第 18 条の特約条項の欄に所定の特約事項を記入するとともに、この欄に、その一時金の名称、金額などを記入してください。
　④　「附属施設使用料」——賃料とは別に附属施設の使用料を徴収する場合は、この欄にその施設の名称、使用料額などを記入してください。
　⑤　「その他」——「賃料」、「共益費」、「敷金」、「その他一時金」、「附属施

設使用料」の欄に記入する金銭以外の金銭の授受を行う場合（例：専用部分の光熱費を貸主が徴収して一括して事業者に支払う場合）は、この欄にその内容、金額などを記入してください。
(4) 関　係
　① 「管理業者」：物件の管理を管理業者に委託している場合、管理業者の「住所」、「氏名（社名・代表者）」、「電話番号」を記入してください。管理業者が「賃貸住宅管理業者登録制度」の登録を行っている場合はその番号を記入してください。
　　また、個人が「管理人」として、物件の管理を行っている場合は、管理人の「住所」、「氏名」、「電話番号」を記入してください。
　② 「建物の所有者」：貸主と建物の所有者が異なる場合、建物所有者の「住所」、「氏名（社名・代表者）」、「電話番号」を記入してください。
〔用語の説明〕
　　・賃貸住宅管理業者登録制度……賃貸住宅管理業者（サブリース業者を含む）に対する「国土交通省告示による任意の登録制度」として『賃貸住宅管理業者登録制度』が平成23年12月１日から施行されました。
　　　本制度は、賃貸住宅管理業務に関して一定のルールを設けることで、その業務の適正な運営を確保し、借主と貸主の利益の保護を図るものです。
(5) 関　係
　① 「借主」――本人確認の観点から、氏名と年齢を記入してください。
　② 「同居人」――同居する人の氏名と年齢、合計人数を記入してください。
　③ 「緊急時の連絡先」――勤務先、親戚の住所など、貸主や管理業者が緊急時に借主に連絡を取れるところを記入してください。

条文関係
【第８条（禁止又は制限される行為）関係】
　別表第１（ただし、第六号から第八号に掲げる行為は除く）、別表第２及び別表第３は、個別事情に応じて、適宜、変更、追加及び削除をすることができます。
　変更する場合には、変更する部分を二重線等で抹消して新たな文言を記載し、その上に甲と乙とが押印してください。
　追加する場合には、既に記入されている例示事項の下の空欄に記入し、追加した項目ごとに、記載し、その上に甲と乙とが押印してください。
　削除する場合には、削除する部分を二重線等で抹消し、その上に甲と乙とが押印してください。
【第９条（契約期間中の修繕）関係】
　別表第４は、個別事情に応じて、適宜、変更、追加及び削除をすることが

できます。
　変更する場合には、変更する部分を二重線等で抹消して新たな文言を記載し、その上に甲と乙とが押印してください。
　追加する場合には、既に記入されている例示事項の下の空欄に記入し、追加した項目ごとに記載し、その上に甲と乙とが押印してください。
　削除する場合には、削除する部分を二重線等で抹消し、その上に甲と乙とが押印してください。

【第14条（明渡し時の原状回復）関係】
　別表第5「Ⅰ-3原状回復工事施工目安単価」は、賃貸借の目的物に応じて、適宜、記入してください。
　賃貸人と賃借人は、原状回復をめぐるトラブルを未然に防止するため、あくまでも目安として、把握可能な「原状回復工事施工目安単価」について、可能な限り記述することが望ましいと考えられます。
　対象箇所には、修繕が発生すると思われる箇所、あるいは、あらかじめ単価を示しておきたい、知っておきたい箇所について、「原状回復工事施工目安単価」に記入してください。
　具体的な対象箇所については、次に示す『原状回復をめぐるトラブルとガイドライン別表3「契約書に添付する原状回復の条件に関する様式」のⅠ-3「原状回復工事施工目安単価」』を参照して下さい。
　なお、下記で例示している以外の箇所を記載することも可能です。
　対象箇所を記入した場合は、その単位と単価を記入してください。
　原状回復の特約として定める事項がある場合には、別表第5「Ⅱ 例外としての特約」欄に記入し、項目ごとに、記載の上に甲と乙が押印し、最後に確認的に記名、押印することが望ましいと考えられます。
　特約項目の例として、次の事項を挙げることができます。
　　・居室内でのペット飼育を認める代わりに、壁クロスの張替費用全額を賃借人の負担とする場合

《参考：原状回復をめぐるトラブルとガイドライン　別表3「契約書に添付する原状回復の条件に関する様式」Ⅰ　3「原状回復工事施工目安単価」》

対象箇所		単位	単価（円）	対象箇所		単位	単価（円）
室内クリーニング		一式			チャイム・インターホン	台	
					玄関ドアの鍵	個	
床	クッションフロア	m²		玄関・廊下	下駄箱	箇所	
	フローリング	m²			郵便受け	個	
	畳	枚					
	カーペット類	m²					

分類	項目	単位	数量		分類	項目	単位	数量
天井・壁	壁（クロス）	m²		台所・キッチン	電気・ガスコンロ	一式	
	天井（クロス）	m²			給湯器類	一式	
	押入れ・天袋	箇所			戸棚類	箇所	
					流し台	一式	
					給排水設備	一式	
建具・柱	窓（ガラス・枠）	枚		設備・その他				
	網戸（網・枠）	枚						
	襖	枚						
	障子	枚						
	室内ドア・扉	枚						
	カーテンレール	箇所			鏡	台	
	シャッター（雨戸）	箇所			シャワー	一式	
	柱	箇所			洗面台	一式	
	間仕切り	箇所			クサリ及びゴム栓	個	
	玄関ドア	箇所			風呂釜	一式	
					給湯器類	一式	
					浴槽	一式	
設備・その他	照明器具	個		浴室・洗面所・トイレ	蓋及び備品類	一式	
	電球・電灯類	個			便器	一式	
	スイッチ	個			給排水設備	一式	
	コンセント	個			洗濯機用防水パン	一式	
共通	エアコン	台			タオル掛け	個	
	テレビ用端子	個			ペーパーホルダー	個	
	換気扇	個					
	バルコニー	個					
	物干し金具	個					

第1章　建物賃貸借契約

【第18条（特約条項）関係】
　空欄に特約として定める事項を記入し、項目ごとに、記載の上に甲と乙が押印し、最後に確認的に甲と乙が記名、押印してください。
　特約項目の例として、次の事項を挙げることができます。
① 居室内でのペット飼育を禁止している物件について、ペットの飼育を認める場合、その内容（第8条関係）
② 営業目的の併用使用を認める場合、その手続き（第3条関係）

《承諾書（例）》
（1）　賃借権譲渡承諾書（例）　　（賃貸住宅標準契約書第8条第1項関係）

〇年〇月〇日

賃借権譲渡の承諾についてのお願い

（賃貸人）　住所
　　　　　　氏名　〇　〇　〇　〇殿
　　　　　　　　　　　（賃借人）　住所
　　　　　　　　　　　　　　　　　氏名　〇　〇　〇　〇　印

　私が賃借している下記(1)の住宅の賃借権の $\begin{Bmatrix} 全部 \\ 一部 \end{Bmatrix}$ を、下記(2)の者に譲渡したいので、承諾願います。

記

(1) 住　宅	名　　称	
	所 在 地	
	住戸番号	
(2) 譲受人	住　　所	
	氏　　名	

- -

承　諾　書

　上記について、承諾いたします。
　（なお、　　　　　　　　　　　　　　　　　　　　　　　　　　　）
　　　　　〇年〇月〇日
　　　　　　　　　　　（賃貸人）　住所
　　　　　　　　　　　　　　　　　氏名　〇　〇　〇　〇　印

26

〔注〕
1　賃借人は、本承諾書の点線から上の部分を記載し、賃貸人に２通提出してください。賃貸人は、承諾する場合には本承諾書の点線から下の部分を記載し、１通を賃借人に返還し、１通を保管してください。
2　「全部」又は「一部」の該当する方に○を付してください。
3　(1)の欄は、契約書頭書(1)を参考にして記載してください。
4　一部譲渡の場合は、譲渡部分を明確にするため、図面等を添付する必要があります。
5　承諾に当たっての確認事項等があれば、「なお、」の後に記載してください。

(２)　転貸承諾書（例）　　（賃貸住宅標準契約書第８条第１項関係）

○年○月○日

転貸の承諾についてのお願い

（賃貸人）　住所
　　　　　氏名　○　○　○　○殿
　　　　　　　　　　　　（賃借人）　住所
　　　　　　　　　　　　　　　　　氏名　○　○　○　○　印

　私が賃借している下記(1)の住宅の賃借権の｛全部／一部｝を、下記(2)の者に転貸したいので、承諾願います。

記

(1) 住 宅	名　　称	
	所 在 地	
	住戸番号	
(2)譲受人	住　　所	
	氏　　名	

- -

承　諾　書

上記について、承諾いたします。
　（なお、　　　　　　　　　　　　　　　　　　　　　　　）
　　　　　○年○月○日
　　　　　　　　　　（賃貸人）　住所
　　　　　　　　　　　　　　　氏名　○　○　○　○　印

第1章　建物賃貸借契約

〔注〕
1　賃借人は、本承諾書の点線から上の部分を記載し、賃貸人に2通提出してください。賃貸人は、承諾する場合には本承諾書の点線から下の部分を記載し、1通を賃借人に返還し、1通を保管してください。
2　「全部」又は「一部」の該当する方に〇を付してください。
3　(1)の欄は、契約書頭書(1)を参考にして記載してください。
4　一部転貸の場合は、転貸部分を明確にするため、図面等を添付する必要があります。
5　承諾に当たっての確認事項等があれば、「なお、」の後に記載してください。

(3)　増改築等承諾書（例）　（賃貸住宅標準契約書第8条第2項関係）

〇年〇月〇日

増改築等の承諾についてのお願い

（賃貸人）　住所
　　　　　　氏名　〇　〇　〇　〇殿

　　　　　　　　　　　（賃借人）　住所
　　　　　　　　　　　　　　　　　氏名　〇　〇　〇　〇印

　私が賃借している下記(1)の住宅の増改築等を、下記(2)のとおり行いたいので、承諾願います。

記

(1) 住　宅	名　　称	
	所 在 地	
	住戸番号	
(2) 増改築等の概要	別紙のとおり	

承諾書

上記について、承諾いたします。
（なお、　　　　　　　　　　　　　　　　　　　　　　　　　　　）
　　　　　　〇年〇月〇日
　　　　　　　　　　（賃貸人）　住所
　　　　　　　　　　　　　　　　氏名　〇　〇　〇　〇印

〔注〕
1　賃借人は、本承諾書の点線から上の部分を記載し、賃貸人に2通提出

してください。賃貸人は、承諾する場合には本承諾書の点線から下の部分を記載し、1通を賃借人に返還し、1通を保管してください。
2 「増改築等」とは、契約書第8条第2項に規定する「増築、改築、移転、改造若しくは模様替又は本物件の敷地内における工作物の設置」をいいます。
3 (1)の欄は、契約書頭書(1)を参考にして記載してください。
4 増改築等の概要を示した別紙を添付する必要があります。
5 承諾に当たっての確認事項等があれば、「なお、」の後に記載してください。

（4） 賃貸住宅標準契約書別表第2に掲げる行為の実施承諾書（例）
　　　（賃貸住宅標準契約書第8条第4項関係）

○年○月○日

契約書別表第2に掲げる行為の実施の承諾についてのお願い

（賃貸人）　住所
　　　　　氏名　○　○　○　○殿
　　　　　　　　　　　　（賃借人）　住所
　　　　　　　　　　　　　　　　　氏名　○　○　○　○　印

　私が賃借している下記(1)の住宅において、契約書別表第2第○号に当たる下記(2)の行為を行いたいので、承諾願います。

記

(1) 住 宅	名　　称	
	所 在 地	
	住戸番号	
(2)行為の内容		

承　諾　書

上記について、承諾いたします。
　（なお、　　　　　　　　　　　　　　　　　　　　　　　　　）
　　　　　○年○月○日
　　　　　　　　　　（賃貸人）　住所
　　　　　　　　　　　　　　　氏名　○　○　○　○　印

第1章　建物賃貸借契約

〔注〕
1　賃借人は、本承諾書の点線から上の部分を記載し、賃貸人に2通提出してください。賃貸人は、承諾する場合には本承諾書の点線から下の部分を記載し、1通を賃借人に返還し、1通を保管してください。
2　「第○号」の○には、別表第2の該当する号を記載してください。
3　(1)の欄は、契約書頭書(1)を参考にして記載してください。
4　(2)の欄には、行為の内容を具体的に記載してください。
5　承諾に当たっての確認事項等があれば、「なお、」の後に記載してください。

<「賃貸住宅標準契約書（改訂版）」解説コメント>

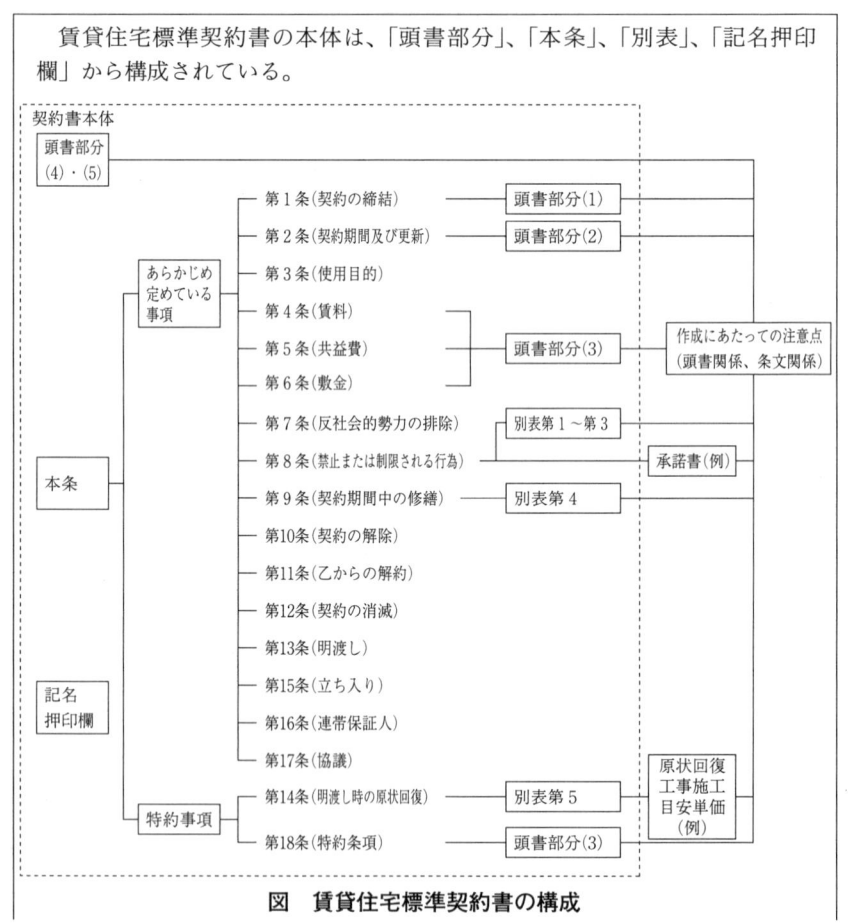

賃貸住宅標準契約書の本体は、「頭書部分」、「本条」、「別表」、「記名押印欄」から構成されている。

図　賃貸住宅標準契約書の構成

【頭書部分】
　　標準契約書においては、賃貸借の目的物の概要、契約期間及び賃料等の約定事項並びに貸主、借主、管理業者及び同居人の氏名等を一覧できるように、頭書部分を設けている。これは、約定事項を当事者が一括して書き込むことにより、当事者の意思を明確にさせ、記載漏れを防ぐこととあわせて、契約の主要な内容の一覧を図れるようにする趣旨である。
　　頭書部分への具体的な記載方法等については、<u>《作成にあたっての注意点》頭書関係</u>を参照されたい。

【本条】
1　契約の締結（第1条）
　　　　本条項は、賃貸借契約の締結を宣言したものである。

2　契約期間及び更新（第2条）
　【第1項】契約期間を頭書(2)に定める始期から終期までの期間とすることとしており、原則として両当事者は、この期間中は相手方に対して本契約に基づく債権を有し、債務を負うこととなる。
　【第2項】賃貸借契約は契約期間の満了により必ず終了するものではなく、当事者間の合意により契約が更新（合意更新）できることを確認的に記述している。

3　使用目的（第3条）
　　　　本契約書は「民間賃貸住宅（社宅を除く。）」の賃貸借に係る契約書であることから、使用目的を「（自己の）居住」のみに限っている。
　　　　ただし、特約をすれば、居住しつつ、併せて居住以外の目的に使用することも可能である。
　　→【18特約条項（第18条）】参照
　　→《作成にあたっての注意点》条文関係【第18条（特約条項）関係】参照

4　賃料（第4条）
　【第1項】借主は、頭書(3)に記載するとおりに賃料を支払うこととしている。
　【第2項】日割計算により実際の契約期間に応じた賃料を支払う方法を記述している。なお、日割計算の際の分母については、「各月の実際の日数とすること」と「一律に一定の日数とすること」の二つの方法が考えられるが、計算がある程度簡便であることから、「一律に一定の日数とすること（1か月30日）」としている。

31

【第3項】賃料は、契約期間中であっても第3項各号の条件のいずれかに該当する場合に、当事者間で協議の上、改定できることとしている。

5 　共益費（第5条）
【第1項】共益費は賃貸住宅の共用部分（階段、廊下等）の維持管理に必要な実費に相当する費用（光熱費、上下水道使用料、清掃費等）として借主が貸主に支払うものである。なお、戸建て賃貸住宅については、通常は、共益費は発生しない。
【第2項】借主は、頭書(3)に記載するとおりに共益費を支払うこととしている。
【第3項】→「4賃料（第4条）第2項」参照
【第4項】共用部分の維持管理に必要な費用に変動が生じた場合（例えば電気料金等が改定された場合）、当事者間の協議により改定できることとしている。

6 敷金（第6条）
【第1項】住宅の賃貸借契約から生じる借主の債務の担保として、借主は敷金を貸主に預け入れることとしている。
【第2項】敷金は、借主の債務の担保であることから、借主からは賃料、共益費その他の支払い債務と敷金返還債権の相殺を主張できないこととしている。
【第3項】本物件の明渡しがあったときは、貸主は敷金の全額を無利息で借主に返還しなければならないが、借主に債務の不履行（賃料の滞納、原状回復に要する費用の未払い等）がある場合は、貸主は債務不履行額を差し引くことができることとしている。
【第4項】前項ただし書きの場合（借主の債務を敷金から充当する場合）、貸主は差引額の内訳を借主に明示しなければならないこととしている。

7 　反社会的勢力の排除（第7条）
　　暴力団等の反社会的勢力を排除するために、自ら又は自らの役員が反社会的勢力でないこと（第一号、第二号）、反社会的勢力に協力していないこと（第三号）をそれぞれ相手方に対して確約させることとしている。さらに、自ら又は第三者を利用して、相手方に対して暴力を用いる等の行為をしないことを確約させることとしている（第四号）。

8　禁止または制限される行為（第8条）

【第1項】賃借権の譲渡、転貸は、貸主の書面による承諾を条件とすることとしている。
　　　　→《承諾書（例）》（1）賃借権譲渡承諾書（例）（2）転貸承諾書（例）参照

【第2項】本物件の増改築等の実施は、貸主の書面による承諾を条件とすることとしている。
　　　　→《承諾書（例）》（3）増改築等承諾書（例）参照

【第3項】禁止の行為を別表第1に記載している。なお、別表第1にあらかじめ記載している行為については、当事者の合意により、変更、追加又は削除できることとしている（ただし、第六号から第八号は除く）。
　　　　→《作成にあたっての注意点》条文関係【第8条（禁止又は制限される行為）関係】参照

【第4項】貸主の書面による承諾があれば可能な行為を別表第2に記載している。なお、別表第2にあらかじめ記載している行為については、当事者の合意により、変更、追加又は削除できることとしている。
　　　　→《作成にあたっての注意点》条文関係【第8条（禁止又は制限される行為）関係】参照
　　　　→《承諾書（例）》（4）賃貸住宅標準契約書別表第2に掲げる行為の実施承諾書（例）参照

【第5項】貸主への通知を要件に認められる行為を別表第3に記載している。なお、別表第3にあらかじめ記載している行為については、当事者の合意により、変更、追加又は削除できることとしている。
　　　　→《作成にあたっての注意点》条文関係【第8条（禁止又は制限される行為）関係】参照

※条文の変更について※
- 甲が第5項に規定する通知の受領を管理業者に委託しているときは、第5項の「甲に通知しなければならない。」を「甲又は管理業者に通知しなければならない。」又は「管理業者に通知しなければならない。」に変更することとなる。
- 一戸建の賃貸住宅に係る契約においては、別表第2第一号と第二号は、一般的に削除することとなる。
- 同居人に親族以外が加わる場合を承諾事項とするときには、別表第3第一号を「頭書（5）に記載する同居人に乙の親族の者を追加（出生を除く。）すること。」に変更し、別表第2に「頭書（5）に記載する同居人に乙の親族以外の者を追加すること。」を追加すること

となる。

9 契約期間中の修繕（第9条）
【第1項】民法上は賃貸借の目的物に係る修繕は貸主が行うこととされている（民法第606条）ため、修繕の原因が借主の故意又は過失にある場合を除き、修繕は原則として貸主が実施主体となり費用を負担することとしている。
【第2項】修繕の実施に当たり貸主及び貸主の依頼による業者が専用部分に立ち入る必要がある場合は、貸主からの通知を要するとともに、民法第606条第2項により借主は貸主の修繕の実施を拒めないこととされているため、借主は正当な理由なく貸主の修繕の実施を拒否することはできないこととしている。
【第3項】修繕の中には、安価な費用で実施でき、建物の損傷を招くなどの不利益を貸主にもたらすものではなく、借主にとっても貸主の修繕の実施を待っていてはかえって不都合が生じるようなものもあると想定されることから、別表第4に掲げる費用が軽微な修繕については、借主が自らの負担で行うことができることとしている。
なお、別表第4にあらかじめ記載している修繕については、当事者間での合意により、変更、追加又は削除できることとしている。
→《作成にあたっての注意点》条文関係【第9条（契約期間中の修繕）関係】参照

10 契約の解除（第10条）
【第1項】借主の「〜しなければならない」という作為義務違反を規定しており、民法第541条の趣旨を踏まえ「催告」を要件とし、催告にも係わらず借主が義務を履行しないときに解除することができるとしている。
【第2項】借主の「〜してはならない」という不作為義務違反を規定しており、第1項と同様「催告」を要件とし、催告にも係わらず借主が義務を履行せず、本契約を継続することが困難であると認められるときに解除することができるとしている。
【第3項】第7条各号の確約に反する事実が判明した場合、及び契約締結後に自ら又は役員が反社会的勢力に該当した場合、催告なしで契約を解除することができるとしている。
→【7反社会的勢力の排除（第7条）】参照
【第4項】第8条第3項に規定する禁止行為のうち、別表第1第六号から第八号に掲げる行為を行った場合、催告なしで契約を解除すること

第1節　賃貸借

ができるとしている。
→【8 禁止または制限される行為（第8条）】参照

11　乙からの解約（第11条）
【第1項】借主が賃貸借契約を終了させるための期間（解約申し入れ期間）が30日以上の場合について規定している。なお、解約申し入れ期間を30日としたのは、第4条及び第5条の家賃及び共益費の日割計算の分母を30日としていることにあわせるためである。
　　　　→【4 賃料（第4条）第2項】参照
【第2項】解約申し入れ期間が30日に満たない場合について規定しており、30日分の賃料及び賃料相当額を支払えば、随時に解約できることとしている。
【例】9月30日に契約を解除したい場合

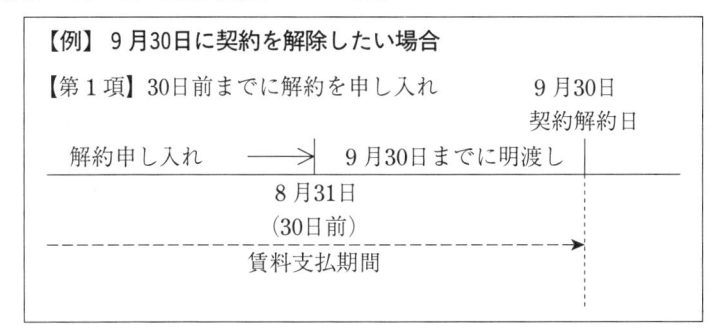

```
【例】　9月30日に契約を解除したい場合

【第1項】30日前までに解約を申し入れ　　　　　　9月30日
　　　　　　　　　　　　　　　　　　　　　　　　契約解約日
　解約申し入れ　───▶　9月30日までに明渡し
　　　　　　　　　8月31日
　　　　　　　　　（30日前）
　　　　　　　　　　賃料支払期間
```

※9月30日に退去を予定している場合は、解約申し入れを8月31日以前に行うこととしている。なお、賃料については、9月分を前月末までに支払っている場合は、既に支払い済みの賃料でまかなわれることとなる。

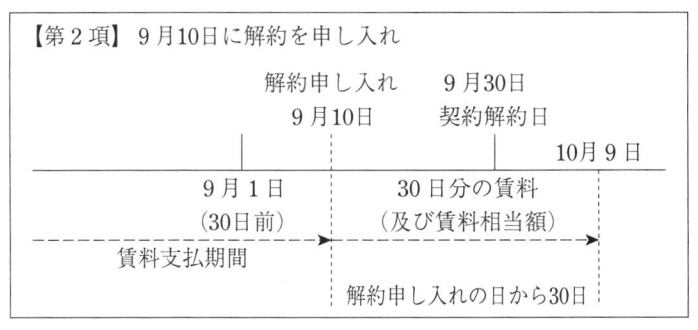

```
【第2項】9月10日に解約を申し入れ
　　　　　　　　　解約申し入れ　　9月30日
　　　　　　　　　9月10日　　　　契約解約日
　　　　　　　　　　　　　　　　　　　　　10月9日
　　　　　9月1日　　　　30日分の賃料
　　　　（30日前）　　（及び賃料相当額）
　　　　賃料支払期間
　　　　　　　　　　　解約申し入れの日から30日
```

※9月30日に退去を予定している場合で、9月10日に解約申し入れ

35

を行った場合は、解約申し入れを行った日から30日分の賃料、つまり10月9日までの賃料（及び賃料相当額）が必要となる。なお、賃料については、9月分を前月末までに支払っている場合は、10月1日から9日までの賃料相当額が必要となる。また、共益費については、解約申し入れ日（9月10日）に関係なく、第5条第3項に従い、使用していた期間の共益費を支払う（9月30日に解約した場合は9月分の共益費全額を支払う）こととなる。

12　契約の消滅（第12条）

　　天災、地変、火災、当事者双方の責めに帰することができない事由によって、賃貸借物件が滅失した場合に、契約が当然に消滅することについて、法律に規定されるまでもない自明のこと（当然の法理）であることを確認的に記述している。

　　なお、「滅失」とは、当該住宅が住宅としての機能を失ったことをいう。具体的には、全壊、全焼及び流出のみならず、全壊に至らなくとも通常の修繕や補修では住宅としての機能を回復することができない程度の損壊も含まれると考えられる。

13　明渡し（第13条）

【第1項】期間満了及び借主からの解約（第11条）のときはあらかじめ定められた契約終了日までに、本物件を明け渡さなければならないこととしている。契約の解除（第10条）のときは直ちに、本物件を明け渡さなければならないこととしている。

【第2項】本物件の明渡しを行うにあたり、当事者の便宜の観点から、借主はあらかじめ明渡し日を貸主に通知することとしている。

14　明渡し時の原状回復（第14条）

【第1項】借主は、通常の使用に伴い生じた損耗を除き、原則として原状回復を行わなければならないこととしている。

　　なお、借主の故意・過失、善管注意義務違反等により生じた損耗については、借主に原状回復義務が発生することとなるが、その際の借主が負担すべき費用については、修繕等の費用の全額を借主が当然に負担することにはならず、経年変化・通常損耗が必ず前提となっていることから、建物や設備等の経過年数を考慮し、年数が多いほど負担割合を減少させることとするのが適当と考えられる（「原状回復をめぐるトラブルとガイドライン（再改訂版）平成23年8月」12ページ参照）。

【第2項】退去時の原状回復費用に関するトラブルを未然に防止するため、本物件を明け渡す時には、別表第5に基づき、契約時に例外としての特約を定めた場合はその特約を含めて、借主が実施する原状回復の内容及び方法について当事者間で協議することとしている。

なお、契約時の特約についても「協議に含める」としているのは、特約には様々な内容や種類が考えられ、特約に該当する部分の特定、物件の損耗等が通常損耗か否かの判断等についての「原状回復をめぐるトラブルとガイドライン（再改訂版）」等における考え方への当てはめにおいて、たとえ、特約があったとしても協議が必要なものであると考えられるためである。

また、明渡し時においては改めて原状回復工事を実施する際の評価や経過年数を考慮し、負担割合を明記した精算明細書（「原状回復をめぐるトラブルとガイドライン（再改訂版）平成23年8月」別表4（28ページ参照））を作成し、双方合意することが望ましい。

→《作成にあたっての注意点》条文関係【第14条（明渡し時の原状回復）関係】参照
→《原状回復をめぐるトラブルとガイドライン別表3「契約書に添付する原状回復の条件に関する様式」Ⅰ-3「原状回復工事施工目安単価」》参照

□原状回復にかかるトラブルを未然に防止するためには、契約時に貸主と借主の双方が原状回復に関する条件について合意することが重要であるため、原状回復の条件を別表第5として掲げている。
□別表第5「Ⅰ-3原状回復工事施工目安単価」への記載については、例えば、「入居者の過失等による修繕が発生することが多い箇所」について、貸主及び借主の両者が、退去時の原状回復費用に関するトラブルを未然に防止するため、目安単価を確認するということが想定される。
□別表第5「Ⅰ-3原状回復工事施工目安単価」は、あくまでも目安として、把握可能な「原状回復工事施工目安単価」について、可能な限り記述することが望まれる。
□例外的に借主の負担とする特約を定めるためには、以下の3つが要件となる。
・特約の必要性があり、かつ、暴利的でないなどの客観的、合理的理由が存在すること
・借主が特約によって通常の原状回復義務を超えた修繕等の義務を負うことについて認識していること

第1章　建物賃貸借契約

　　・借主が特約による義務負担の意思表示をしていること
（「原状回復をめぐるトラブルとガイドライン（再改訂版）平成23年8月」7ページを参照されたい。）
□原状回復に関する特約事項が有効と判断されるためには、「賃借人に通常損耗についての原状回復義務を負わせるのは、賃借人に予期しない特別の負担を課すことになるから、賃借人に同義務が認められるためには、少なくとも、**賃借人が補修費用を負担することになる通常損耗の範囲が賃貸借契約の条項自体に具体的に明記されているか、仮に賃貸借契約書では明らかでない場合には、賃貸人が口頭により説明し、賃借人がその旨を明確に認識し、それを合意の内容としたものと認められるなど、その旨の特約（通常損耗補修特約）が明確に合意されていることが必要である**」という考え方が最高裁判所によって示されている（H17.12.16）。
□参照条文
　　民法（明治29年4月27日法律第89号）
　　（公序良俗）
　　第九十条　公の秩序又は善良の風俗に反する事項を目的とする法律行為は、無効とする。

　消費者契約法（平成12年5月12日法律第61号）
　（事業者の損害賠償の責任を免除する条項の無効）
　　第八条　次に掲げる消費者契約の条項は、無効とする。
　　　一　事業者の債務不履行により消費者に生じた損害を賠償する責任の全部を免除する条項
　　　二　事業者の債務不履行（当該事業者、その代表者又はその使用する者の故意又は重大な過失によるものに限る。）により消費者に生じた損害を賠償する責任の一部を免除する条項
　　　三　消費者契約における事業者の債務の履行に際してされた当該事業者の不法行為により消費者に生じた損害を賠償する民法の規定による責任の全部を免除する条項
　　　四　消費者契約における事業者の債務の履行に際してされた当該事業者の不法行為（当該事業者、その代表者又はその使用する者の故意又は重大な過失によるものに限る。）により消費者に生じた損害を賠償する民法の規定による責任の一部を免除する条項
　　　五　消費者契約が有償契約である場合において、当該消費者契約の目的物に隠れた瑕疵があるとき（当該消費者契約が請負契約である場合には、当該消費者契約の仕事の目的物に瑕疵があるとき。次項において同じ。）に、当該瑕疵により消費者に生じた損害を賠

償する事業者の責任の全部を免除する条項

2　前項第五号に掲げる条項については、次に掲げる場合に該当するときは、同項の規定は、適用しない。
　一　当該消費者契約において、当該消費者契約の目的物に隠れた瑕疵があるときに、当該事業者が瑕疵のない物をもってこれに代える責任又は当該瑕疵を修補する責任を負うこととされている場合
　二　当該消費者と当該事業者の委託を受けた他の事業者との間の契約又は当該事業者と他の事業者との間の当該消費者のためにする契約で、当該消費者契約の締結に先立って又はこれと同時に締結されたものにおいて、当該消費者契約の目的物に隠れた瑕疵があるときに、当該他の事業者が、当該瑕疵により当該消費者に生じた損害を賠償する責任の全部若しくは一部を負い、瑕疵のない物をもってこれに代える責任を負い、又は当該瑕疵を修補する責任を負うこととされている場合

（消費者が支払う損害賠償の額を予定する条項等の無効）
第九条　次の各号に掲げる消費者契約の条項は、当該各号に定める部分について、無効とする。
　一　当該消費者契約の解除に伴う損害賠償の額を予定し、又は違約金を定める条項であって、これらを合算した額が、当該条項において設定された解除の事由、時期等の区分に応じ、当該消費者契約と同種の消費者契約の解除に伴い当該事業者に生ずべき平均的な損害の額を超えるもの　当該超える部分
　二　当該消費者契約に基づき支払うべき金銭の全部又は一部を消費者が支払期日（支払回数が二以上である場合には、それぞれの支払期日。以下この号において同じ。）までに支払わない場合における損害賠償の額を予定し、又は違約金を定める条項であって、これらを合算した額が、支払期日の翌日からその支払をする日までの期間について、その日数に応じ、当該支払期日に支払うべき額から当該支払期日に支払うべき額のうち既に支払われた額を控除した額に年十四・六パーセントの割合を乗じて計算した額を超えるもの　当該超える部分

（消費者の利益を一方的に害する条項の無効）
第十条　民法、商法（明治三十二年法律第四十八号）その他の法律の公の秩序に関しない規定の適用による場合に比し、消費者の権利を

> 制限し、又は消費者の義務を加重する消費者契約の条項であって、民法第一条第二項に規定する基本原則に反して消費者の利益を一方的に害するものは、無効とする。

15　立ち入り（第15条）

【第１項】借主は本物件を契約の範囲内で自由に使用する権利を有しており、貸主は原則として本物件内に立ち入ることはできないが、本物件の防火、本物件の構造の保全その他の本物件の管理上特に必要な場合は、あらかじめ借主の承諾を得て本物件内に立ち入ることができることとしている。

【第２項】前項の場合、借主は正当な理由がある場合を除き、立ち入りを拒否できないこととしている。

【第３項】本物件の次の入居（予定）者又は本物件を譲り受けようとする者が下見をする場合は、あらかじめ借主の承諾を得て本物件内に立ち入ることができるとしている。

【第４項】火災による延焼の防止等緊急の必要がある場合は、貸主はあらかじめ借主の承諾を得ることなく、本物件内に立ち入ることができるとしている。なお、借主不在時に立ち入った場合には、貸主は立ち入り後にその旨を借主に通知しなければならないこととしている。

16　連帯保証人（第16条）

賃貸借契約上の借主の債務を担保するため、人的保証として連帯保証人を立てることとしている。

また、入居者の家賃債務については、個人保証に替えて、家賃債務を保証する機関を活用することも考えられる。

17　協議（第17条）

貸主借主間の権利義務関係をあらかじめ全て契約書に規定しておくことが望ましいが、現実問題として不可能であり、また、条文解釈で疑義が生じる場合があることを想定し、その対処方法を定めている。

18　特約条項（第18条）

第17条までの規定以外に、個別の事情に応じて、当事者が合意の上で特約を定めることができることとしている。

　　　　なお、特約条項を定める場合、原状回復に関する特約と同様、賃借人がその内容を明確に理解し、それを契約内容とすることについて明確に合意していることが必要である(項目ごとに記載の上、甲と乙が押印し、最後に確認的に記名、押印することが望ましい)。
　　　→【14明渡し時の原状回復(第14条)】参照
　　　→《作成にあたっての注意点》条文関係【第18条(特約条項)関係】参照8

※　国土交通省HP、原状回復トラブルとガイドライン(再改訂)128頁〜、〔再改訂〕賃貸住宅原状回復ガイドライン151頁〜参照。

第1章　建物賃貸借契約

【書式２】　契約書に添付する原状回復の条件に関する様式

原状回復の条件について

　本物件の原状回復条件は、下記Ⅱの「例外としての特約」による以外は、賃貸住宅の原状回復に関する費用負担の一般原則の考え方によります。
　すなわち、
　・賃借人の故意・過失、善管注意義務違反、その他通常の使用方法を超えるような使用による損耗等については、賃借人が負担すべき費用となる
　・建物・設備等の自然的な劣化・損耗等（経年変化）及び賃借人の通常の使用により生ずる損耗等（通常損耗）については、賃貸人が負担すべき費用となる
ものとします。
　その具体的内容は、国土交通省の「原状回復をめぐるトラブルとガイドライン」において定められた別表１及び別表２のとおりですが、その概要は、下記Ⅰのとおりです。

Ⅰ　本物件の原状回復条件

　（ただし、民法90条及び消費者契約法８条・９条・10条に反しない内容に関して、下記Ⅱの「例外としての特約」の合意がある場合は、その内容によります。）

１　賃貸人・賃借人の修繕分担表

賃貸人の負担となるもの	賃借人の負担となるもの
【床（畳・フローリング・カーペットなど）】	
１．畳の裏返し、表替え（特に破損していないが、次の入居者確保のために行うもの） ２．フローリングのワックスがけ ３．家具の設置による床、カーペットのへこみ、設置跡 ４．畳の変色、フローリングの色落ち（日照、建物構造欠陥による雨漏りなどで発生したもの）	１．カーペットに飲み物等をこぼしたことによるシミ、カビ（こぼした後の手入れ不足等の場合） ２．冷蔵庫下のサビ跡（サビを放置し、床に汚損等の損害を与えた場合） ３．引越作業等で生じた引っかきキズ ４．フローリングの色落ち（賃借人の不注意で雨が吹き込んだことなどによるもの）

【壁、天井（クロスなど）】

1．テレビ、冷蔵庫等の後部壁面の黒ずみ（いわゆる電気ヤケ） 2．壁に貼ったポスターや絵画の跡 3．壁等の画鋲、ピン等の穴（下地ボードの張替えは不要な程度のもの） 4．エアコン（賃借人所有）設置による壁のビス穴、跡 5．クロスの変色（日照などの自然現象によるもの）	1．賃借人が日常の清掃を怠ったための台所の油汚れ（使用後の手入れが悪く、ススや油が付着している場合） 2．賃借人が結露を放置したことで拡大したカビ、シミ（賃貸人に通知もせず、かつ、拭き取るなどの手入れを怠り、壁等を腐食させた場合） 3．クーラーから水漏れし、賃借人が放置したため壁が腐食 4．タバコ等のヤニ・臭い（喫煙等によりクロス等が変色したり、臭いが付着している場合） 5．壁等のくぎ穴、ネジ穴（重量物をかけるためにあけたもので、下地ボードの張替えが必要な程度のもの）　6．賃借人が天井に直接つけた照明器具の跡 7．落書き等の故意による毀損

【建具等、襖、柱等】

1．網戸の張替え（破損はしていないが、次の入居者確保のために行うもの） 2．地震で破損したガラス 3．網入りガラスの亀裂（構造により自然に発生したもの）	1．飼育ペットによる柱等のキズ・臭い（ペットによる柱、クロス等にキズが付いたり、臭いが付着している場合） 2．落書き等の故意による毀損

【設備、その他】

1．専門業者による全体のハウスクリーニング（賃借人が通常の清掃を実施している場合） 2．エアコンの内部洗浄（喫煙等の臭いなどが付着していない場合） 3．消毒（台所・トイレ）	1．ガスコンロ置き場、換気扇等の油汚れ、すす（賃借人が清掃・手入れを怠った結果汚損が生じた場合） 2．風呂、トイレ、洗面台の水垢、カビ等（賃借人が清掃・手入れを

第1章　建物賃貸借契約

4．浴槽、風呂釜等の取替え（破損等はしていないが、次の入居者確保のために行うもの） 5．鍵の取替え（破損、鍵紛失のない場合） 6．設備機器の故障、使用不能（機器の寿命によるもの）	怠った結果汚損が生じた場合） 3．日常の不適切な手入れもしくは用法違反による設備の毀損 4．鍵の紛失または破損による取替え 5．戸建賃貸住宅の庭に生い茂った雑草

2　賃借人の負担単位

負担内容		賃借人の負担単位	経過年数等の考慮
床 （毀損部分の補修）	畳	原則一枚単位 毀損部分が複数枚の場合はその枚数分（裏返しか表替えかは、毀損の程度による）	（畳表） 経過年数は考慮しない。
	カーペット クッションフロア	毀損等が複数箇所の場合は、居室全体	（畳床・カーペット・クッションフロア） 6年で残存価値1円となるような負担割合を算定する。
	フローリング	原則㎡単位 毀損等が複数箇所の場合は、居室全体	（フローリング） 補修は経過年数を考慮しない。（フローリング全体にわたる毀損等があり、張り替える場合は、当該建物の耐用年数で残存価値1円となるような負担割合を算定する。）
	壁（クロス）	㎡単位が望ましいが、賃借人が毀損した箇所を含む一面分までは張替え費用を賃借人負担としてもやむをえないとする。	（壁〔クロス〕） 6年で残存価値1円となるような負担割合を算定する。

壁・天井（クロス）	毀損部分の補修	タバコ等のヤニ、臭い	喫煙等により当該居室全体においてクロス等がヤニで変色したり臭いが付着した場合のみ、居室全体のクリーニングまたは張替費用を賃借人負担とすることが妥当と考えられる。	
建具・柱	の毀損部分の補修	襖	1枚単位	（襖紙、障子紙）経過年数は考慮しない。
		柱	1本単位	（襖、障子等の建具部分、柱）経過年数は考慮しない。
設備・その他	設備の補修	設備機器	補修部分、交換相当費用	（設備機器）耐用年数経過時点で残存価値1円となるような直線（または曲線）を想定し、負担割合を算定する。
	鍵の返却	鍵	補修部分 紛失の場合は、シリンダーの交換も含む。	鍵の紛失の場合は、経過年数は考慮しない。交換費用相当分を借主負担とする。
	通常の清掃※	クリーニング ※通常の清掃や退去時の清掃を怠った場合のみ	部位ごと、または住戸全体	経過年数は考慮しない。借主負担となるのは、通常の清掃を実施していない場合で、部位もしくは、住戸全体の清掃費用相当分を借主負担とする。

第1章　建物賃貸借契約

設備等の経過年数と賃借人負担割合（耐用年数6年及び8年・定額法の場合）賃借人負担割合（原状回復義務がある場合）

(%)

経過年数(年)

3　原状回復工事施工目安単価

対象箇所		単位	単価(円)	対象箇所		単位	単価(円)
室内クリーニング		一式		玄関・廊下	チャイム・インターホン	台	
					玄関ドアの鍵	個	
床	クッションフロア	m²			下駄箱	箇所	
	フローリング	m²			郵便受け	個	
	畳	枚					
	カーペット類	m²					
天井・壁	壁（クロス）	m²		台所・キッチン	電気・ガスコンロ	一式	
	天井（クロス）	m²			給湯器類	一式	
	押入れ・天袋	箇所			戸棚類	箇所	
					流し台	一式	
				設備・その他	給排水設備	一式	
	窓（ガラス・枠）	枚					
	網戸（網・枠）	枚					

建具	襖	枚						
	障子	枚						
	室内ドア・扉	枚						
	カーテンレール	箇所			鏡	台		
	シャッター(雨戸)	箇所			シャワー	一式		
	柱	箇所			洗面台	一式		
	間仕切り	箇所			クサリ及びゴム栓	個		
	玄関ドア	箇所		浴室・洗面所・トイレ	風呂釜	一式		
					給湯器類	一式		
					浴槽	一式		
設備・その他	共通	照明器具	個		蓋及び備品類	一式		
		電球・電灯類	個		便器	一式		
		スイッチ	個		給排水設備	一式		
		コンセント	個		洗濯機用防水パン	一式		
		エアコン	台		タオル掛け	個		
		テレビ用端子	個		ペーパーホルダー	個		
		換気扇	個					
		バルコニー	個					
		物干し金具	個					

※　この単価は、あくまでも目安であり、入居時における賃借人・賃貸人双方で負担の概算額を認識するためのものです。従って、退去時において、資材の価格や在庫状況の変動、毀損の程度や原状回復施工方法等を考慮して変更となる場合があります。

Ⅱ　例外としての特約

　原状回復に関する費用の一般原則は上記のとおりですが、賃借人は、例外として、下記の費用については、賃借人の負担とすることに合意します(ただし、民法90条及び消費者契約法8条・9条・10条に反しない内容に限ります)。(括弧内は、本来は賃貸人が負担すべきものである費用を、特別に賃借人が負担することとする理由)

第1章　建物賃貸借契約

```
・
```

※　原状回復トラブルとガイドライン（再改訂）25頁〜。〔再改訂〕賃貸住宅原状回復ガイドライン31頁〜参照。
※　この様式は、賃貸住宅契約書における原状回復に関する条項（【書式1】「賃貸住宅標準契約書（改訂版）」（6頁）でいうと第11条の条項）に関しての「原状回復の条件」の細目的な内容を明確化するものとして、契約書に添付する雛型として定められたものである（原状回復トラブルとガイドライン（再改訂）［2］解説［6］ア、〔再改訂〕賃貸住宅原状回復ガイドライン194頁ア）。

3　住宅賃貸借契約時の説明

　住宅の賃貸借契約締結時には、当然、その内容等についての説明をすることになる。

　東京都においては、「東京における住宅の賃貸借に係る紛争の防止に関する条例」等を制定し、東京都内にある居住用の賃貸住宅について、平成16年10月1日以降に新規の賃貸借契約を締結する場合で、宅地建物取引業者が媒介または代理を行う物件については、当該住宅を借りようとする者に対し、以下の事項を説明するものとしている（「東京おける住宅の賃貸借に係る紛争の防止に関する条例」1条・2条、「東京おける住宅の賃貸借に係る紛争の防止に関する条例施行規則」2条）（資料Ⅰ・Ⅱ（212～215頁）参照）（東京都・賃貸住宅トラブル防止ガイドライン2頁・3頁）。

① 退去時の通常損耗等の復旧は、賃貸人（貸主）が行うことが基本であること
② 入居期間中の必要な修繕は、賃貸人（貸主）が行うことが基本であること
③ 賃貸借契約において借主の負担としている具体的な事項
④ 修繕および維持管理等に関する連絡先

4　礼金・更新料

(1) 礼金・更新料とは

ア　礼金とは

　礼金とは、当初の不動産の賃貸借契約締結の際に、賃借人が賃貸人に対して支払う金銭である。礼金は、敷金と違って、賃貸借終了時に返還されるものではないとされている。

　この礼金の法的性質については、その対価性を否定する考え方もあるが、①賃貸借契約締結への謝礼、②賃料の前払い、③退去後の空室期間の賃料補

償、④自然損耗に関する原状回復費用等の性質があるともいわれている。

　イ　更新料とは

　更新料とは、不動産の賃貸借契約の更新時に、賃借人が賃貸人に対して支払う金銭である。更新料は、敷金と違って、賃貸借終了時に返還されるものではないとされている。

　この更新料の法的性質については、その対価性を否定する考え方もあるが、①更新拒絶権放棄の対価（紛争解決金）、②賃借権強化の対価、③中途解約権放棄の対価、④賃料補充の性質があるともいわれていた。これについて、最高裁判所は、更新料は、一般に、賃料の補充ないし前払い、賃貸借契約を継続するための対価等の趣旨を含む複合的性質を有するものと解するのが相当であるとした（最判平23．7．15（平22㈪863）最高裁HP・金商1372号7頁）。

(2)　礼金・更新料と消費者契約法10条

　ア　礼金と消費者契約法10条

　この礼金の支払いについては、賃借人が事業としてまたは事業のために契約の当事者となる場合を除いた個人としての消費者に当たり、賃貸人が法人その他の団体および事業としてまたは事業のために契約の当事者となる個人としての事業者に当たれば、それについての約定が消費者契約に当たり、消費者契約法10条の消費者の利益を一方的に害する条項の無効の規定に違反し無効であるとして、不当利得として返還を求める事例がある。

　これについては、礼金は、賃料の一部前払い、自然損耗修繕費負担としての性質を有し、礼金が返還されないことは契約書に明記され、重要事項説明書でも説明されており、礼金が賃貸借終了時に返還されないものであることは一般に周知されており、礼金約定を無効とする理由はなく、礼金として前払いしなければならない額は賃料の2.95ヵ月分である18万円で高額ではなく、自然損耗については月々の賃料と礼金で回収しているのであり、自然損耗の修繕費を二重取りしているとはいえず、賃料前払いとしての性質を有す

ることは、建物賃貸借における毎月末を賃料支払い時期とする民法614条本文と比べ、賃借人の義務を加重しており、礼金約定は民法、商法その他の法律の公の秩序に関しない規定の適用による場合に比し、消費者の権利を制限し、または消費者の義務を加重する約定であるというのが相当であるが、礼金の約定が信義則に反して消費者の利益を一方的に害するものであるという事情は認められないとして、礼金約定の消費者契約法10条による無効を否定した裁判例がある（京都地判平20.9.30（平20(レ)4）最高裁 HP）。

　これについては、更新時に授受され、賃貸借終了時に返還されない更新料と消費者契約法10条との関係と同様に解することができ、それについての最高裁判例（最判23.7.15（平22(オ)863）最高裁 HP・金商1372号7頁）の判示事項に従い（下記イ参照）、礼金約定は、一般的に賃貸借契約の要素を構成しない債務を特約により賃借人に負わせる意味において、任意規定の適用による場合に比し、消費者である賃借人の義務を加重するものに当たると解されるが、賃貸借契約書等に一義的かつ具体的に記載された礼金条項は、礼金の額が賃料の額、賃貸借契約期間等に照らし高額すぎるなどの特段の事情がない限り、信義則に反して消費者の利益を一方的に害するものには当たらず、消費者契約法10条により無効とはいえないと解される。

　イ　更新料と消費者契約法10条

　この更新料の支払いについては、賃借人が事業としてまたは事業のために契約の当事者となる場合を除いた個人としての消費者に当たり、賃貸人が法人その他の団体および事業としてまたは事業のために契約の当事者となる個人としての事業者に当たれば、それについての約定が消費者契約に当たり、消費者契約法10条の消費者の利益を一方的に害する条項の無効の規定に違反し無効であるとして、不当利得として返還を求める事例がある。

　これについては、消費者契約法10条による無効を否定した裁判例（京都地判平20.1.30判時2015号94頁・判タ1279号225頁、大阪高判平21.10.29判時2064号65頁・金法1887号117頁、京都地判平22.10.29判タ1334号100頁）と肯定した裁判

例（京都地判平21．7．23判時2051号119頁・判タ1316号192頁、大阪高判平21．8．27判時2062号40頁（京都地判平20．1．30判時2015号94頁・判タ1279号225頁の控訴審判決）、京都地判平21．9．25（平20(ワ)558）判時2066号81頁、京都地判平21．9．25（平20(ワ)947、1287、1285）判タ1317号214頁（最判平23．7．15（平22(オ)863）最高裁HPの第一審判決）、京都地判平21．9．25（平20(ワ)1286）最高裁HP、大阪高判平22．2．24（平21(ネ)2690）金商1372号14頁（最判平23．7．15（平22(オ)863）最高裁HPの控訴審判決））があったが、以下の内容の最高裁判例（最判平23．7．15（平22(オ)863）最高裁HP・金商1372号7頁）が出されたので、それに従うことになる。

　この最高裁判例（最判平23．7．15（平22(オ)863）最高裁HP・金商1372号7頁）は、更新料は、一般に賃料の補充ないし前払い、賃貸借契約を継続するための対価等の趣旨を含む複合的な性質を有するものと解され、更新料条項が賃貸借契約書に一義的かつ具体的に記載され、賃借人と賃貸人との間に、更新料条項に関する情報の質および量ならびに交渉力について、看過し得ないほどの格差があるとみることはできず、更新料特約は、一般的に賃貸借の要素を構成しない債務を特約により賃借人に負わせるという意味において、任意規定の適用による場合に比し、消費者である賃借人の義務を加重するものに当たるが、賃貸借契約書に一義的かつ具体的に記載された更新料条項は、更新料の額が賃料の額、賃貸借契約が更新される期間等に照らし高額すぎるなどの特段の事情がない限り、信義則に反して消費者の利益を一方的に害するものには当たらず、消費者契約法10条により無効とはいえないと解するのが相当であり、更新料の額を賃料の2カ月分とし、更新される期間を1年間とするものについて、特段の事情が存するとはいえず、消費者契約法10条により無効と解することはできないとした。

第2　賃料債権

1　賃料債権の意義

　賃貸借は、賃貸人が物の使用および収益を賃借人にさせることを約し、賃借人がこれに対してその賃料を払うことを約する契約である（民法601条）。したがって、賃貸借においては、賃借人が賃貸人に対して、賃借物の使用収益の対価である賃料を支払うことが要件となる。つまり、賃貸借においては、賃借人は賃料支払義務を負い、賃貸人は賃料債権を有することになる。

　これに対し、借りた物の使用収益の対価を支払わない場合は、借主が無償で使用および収益をした後に返還することを約して貸主から物を受け取ることによって効力を生ずる使用貸借となる（民法593条）。

2　賃料債権と相続

　遺産は、相続人が数人あるときは、相続開始から遺産分割までの間、共同相続人の共有に属するものであるから、この間に遺産である賃貸不動産を使用管理した結果生ずる金銭債権たる賃料債権は、遺産とは別個の財産というべきであって、各共同相続人がその相続分に応じて分割単独債権として確定的に取得するものと解するのが相当である。遺産分割は、相続開始の時にさかのぼってその効力を生ずるものであるが、各共同相続人がその相続分に応じて分割単独債権として確定的に取得した上記賃料債権の帰属は、後にされた遺産分割の影響を受けないものというべきである（最判平17．9．8民集59巻7号1931頁・判時1913号62頁・判タ1195号100頁）。

　なお、相続人全員の合意があれば、賃料債権を遺産分割の対象に含めることができるとするのが現在の家庭裁判所の実務である（最判昭54．2．22判時923号77頁・判タ395号56頁（相続不動産売却代金債権事例）、東京高決昭56．5．18判タ447号134頁、東京高決昭63．5．11判タ681号187頁、大阪高判平元．9．27判タ

53

718号196頁、京都地判平20.4.24最高裁HP（預貯金債権事例））（最高裁判所判例解説民事篇平成17年(下)565頁・566頁）。

第3 賃貸借の承継

1 賃貸人の地位の承継

(1) 対抗要件を具備した賃貸建物の所有権取得と賃貸借の承継

所有権移転登記等をすることによって対抗要件を具備した賃貸建物の所有権取得者は、取得と同時に当然賃貸借を承継するものであって、賃貸人から賃借人に対する承継の通知を要しないとされている（最判昭33.9.18民集12巻13号2040頁）（最高裁判例解説民事篇昭和33年251頁100）。

(2) 賃貸借の目的物所有権移転に伴う賃貸人の地位の譲渡と賃借人の承諾

賃貸借契約における賃貸人の地位の譲渡は、賃貸人の義務の移転を伴うことになる（上記(1)参照）。しかし、その賃貸人の義務は賃貸人が誰であるかによって履行方法が異なるものではなく、また、賃貸物の所有権の移転があったときに新所有者にその義務の承継を認めることがむしろ賃借人にとって有利である点もあるといえる。したがって、賃貸物の新所有者が旧所有者の賃貸人としての権利義務を承継するには、一般の債務引受の場合と異なり、特段の事情のある場合を除き、賃借人の承諾を必要とせず、賃貸物の旧所有者と新所有者との間の契約によってこれをすることができるとされている（最判昭46.4.23民集25巻3号388頁・判時634号35頁）（村田ほか・要件事実論30講〔2版〕294頁）。

2 賃借権の承継

(1) 背信行為と認めるに足りない特段の事情がある賃借権の譲渡と賃貸人への対抗

賃借人は、賃貸人の承諾を得なければ、その賃借権を譲り渡し、または賃借物を転貸することができないとされている（民法612条1項）。そして、賃借人が、それに反して、賃貸人の承諾を得ないで、第三者に賃借物の使用または収益をさせたときは、賃貸人は、賃貸借契約を解除することができるとされている（民法612条2項）。

ただ、居住建物の賃貸借において、たとえば、賃借人が亡くなり、同居していた賃借人の子供が賃借人となる場合、実質的に賃貸借の実態に変わりはなく、賃料支払いについて実質的に問題がなければ、賃貸人に何らの不利益もないと思われる。しかし、それについて、形式的に賃借権の譲渡・転貸にあたるとして、賃貸人による賃貸借契約の解除を認めるとすると、賃借建物に居住していた者の居住権が失われることになる。そこで、判例は、賃貸人の承諾を得ないで賃借権が譲渡された場合でも、賃貸人に対する背信行為と認めるに足りない特段の事情があるときは、譲受人は賃貸人に対抗することができるとしている（最判昭36.4.28民集15巻4号1211頁）（村田ほか・要件事実論30講〔2版〕299頁）。

(2) 居住用建物の賃借人の死亡と賃借権の承継

居住用建物の賃借人が死亡した場合、当該賃借人に相続人がいないときは、その内縁の配偶者や事実上の養子である同居者は、賃借権を承継するとされ（借地借家36条1項本文）、亡くなった者の同居者の居住権が保護されている。また、賃借人に相続人がいるときでも、その内縁の配偶者や事実上の養子である同居者は、賃貸人等の明渡請求等に対して、相続人の賃借権を援用することができるとされている（最判昭37.12.25民集16巻12号2455頁・判時327号34頁、最判昭42.2.21民集21巻1号155頁・判時477号9頁）。この場合、内

55

縁の配偶者や事実上の養子である同居者は、相続人と並んで共同賃借人となるのではなく、賃料債務は相続人が負担し、その賃借権を援用するだけであるとされている（内田・民法Ⅱ〔3版〕247頁）。

第2節　敷金返還請求と原状回復義務

第1　敷金返還請求権の意義

1　敷金とは

(1)　建物賃貸借契約成立時に授受される金銭

　建物の賃貸借契約においては、いろいろな名目の金員の授受がなされている。その金員の名目は、敷金、礼金（借主から貸主に対しお礼の意味で交付される金員である）（本章第1節第1・4（49頁）参照）、権利金、保証金、更新料（本章第1節第1・4（49頁）参照）などである。これらの金員には、賃貸借契約終了時に、返還されるものとされないものがある。

(2)　敷　金

　上記(1)で述べた金員のうち、敷金とは、賃貸借契約において賃借人の負担する債務の担保として賃貸人に交付される金員であり（民事訴訟における要件事実2巻163頁）、建物賃貸借契約について、賃借人の賃料債務その他賃貸借契約上生ずる一切の債務を担保する目的で、敷金提供者（賃借人等）から賃貸人に交付される金銭であって、賃貸借契約終了の際に賃借人に賃料不払い・滞納などの債務不履行があれば、その金額を差し引いて敷金提供者に払い戻すべきものをいう（内田・民法Ⅱ〔3版〕185頁、加藤ほか・要件事実の考え方と実務〔2版〕206頁、加藤・賃借人の賃貸建物についての原状回復義務（市民と法43号）24頁、原状回復トラブルとガイドライン（再改訂）39頁、〔再改訂〕賃貸住宅原状回復ガイドライン50頁）。

2　敷金返還請求権の発生時期

敷金返還請求権の発生時期については、建物明渡時に発生するとするのが判例・通説である（最判昭48．2．2民集27巻1号80頁・判時704号44頁）。この明渡時説によると、賃借人は、賃借物を明け渡した後に初めて、敷金の残額を返還請求することができる。したがって、賃貸人が賃借人に対し賃借物の明渡を請求した場合、賃借人は敷金返還との同時履行を抗弁として主張することはできないことになる（最判昭49．9．2民集28巻6号1152頁・判時758号45頁）（民事訴訟における要件事実2巻163頁・164頁、加藤ほか・要件事実の考え方と実務〔2版〕206頁、加藤・賃借人の賃貸建物についての原状回復義務（市民と法43号）24頁、村田ほか・要件事実論30講〔2版〕215頁、原状回復トラブルとガイドライン（再改訂）41頁Q9、〔再改訂〕賃貸住宅原状回復ガイドライン52頁Q9）。

敷金返還債務について、賃貸借終了明渡日の翌日から遅滞に陥り、付帯請求（遅延損害金）の起算日は、明渡日の翌日となる（東京地判昭45．6．4判時612号64頁、大阪高判平21．6．2判時2055号72頁）（加藤・簡裁民事事件の考え方と実務〔4版〕294頁・295頁、岡口・要件事実マニュアル2巻（3版）319頁）（第2章第3節第2・2(2)（205頁）参照）。

3　敷金関係の承継

賃貸借における敷金契約は、賃貸人または第三者が賃貸人に交付した敷金をもって、賃料債務、賃貸借終了後賃借物明渡義務履行までに生ずる賃料相当損害金債務、その他の賃貸借契約によって賃借人が賃貸人に対して負担することとなる一切の債務を担保することを目的とするものであって、賃貸借に従たる契約ではあるが、賃貸借契約とは別個の契約である。そして、敷金交付者は、通常は、将来の賃借権が新賃借人に移転した場合に新賃借人が負担する新たな債務を担保することを予想していないため、賃貸人との間で、

敷金をもって新賃借人の債務不履行の担保とすることを約し、または新賃借人に対して敷金返還請求権を譲渡するなどの特段の事情がない限り、当該敷金をもって将来新賃借人が新たに負担することになる債務についてまで担保するものと解することは、敷金交付者にその予期に反して不利益を被らせる結果となり相当ではない。したがって、旧賃借人が交付した敷金関係は、特段の事情がない限り、新賃借人に承継されないとされている（最判昭53.12.22民集32巻9号1768頁・判時915号49頁）。このように解すると、賃貸人は、新賃借人との間に賃貸借関係が残るのに敷金を失うことになるが、賃借権の譲渡等には賃貸人の承諾が必要とされており、賃貸人としては、その段階で新賃借人から新たな敷金の差入れを求める等の対応をとることができ、賃貸人にとって酷な結果とならないと解される（最高裁判例解説民事篇昭和53年636頁）。

　これに対し、旧賃貸人に対して交付された敷金関係は、当然に新賃貸人に承継されるとされている（大判昭5．7．9民集9巻839頁、最判昭39．6．19民集18巻5号798頁、最判昭44．7.17民集23巻8号1610頁）（原状回復トラブルとガイドライン（再改訂）42頁 Q11、〔再改訂〕賃貸住宅原状回復ガイドライン53頁 Q11）。この場合の承継額は、旧賃貸人との関係での未払賃料等を充当した残額である（最判昭44．7.17民集23巻8号1610頁）（岡口・要件事実マニュアル2巻（3版）319頁）。

4　敷引特約

(1)　敷引特約とは

　敷引特約とは、敷金の提供を受けた賃貸人が、敷金のうち一定金額または一定割合の金員〔敷引金〕を、賃貸借終了時に、敷金提供者（賃借人等）に返還しない特約をいう（加藤・賃貸人の賃貸建物についての原状回復義務（市民と法43号）24頁、消費者関係法執務資料〔改訂〕276頁1・282頁2）[*1][*2]。

(2) 敷引特約と消費者契約法10条

平成13年4月1日から施行された消費者契約法10条では、「民法、商法その他の法律の公の秩序に関しない規定の適用による場合に比し、消費者の権利を制限し、又は消費者の義務を加重する消費者契約の条項であって、民法第1条第2項に規定する基本原則に反して消費者の利益を一方的に害するものは、無効とする」としている。

この消費者契約法10条と敷引特約との関係については、賃貸借は、目的物を使用収益させる義務と賃料支払義務が対価関係に立つものであり、賃借人に債務不履行があるような場合を除き、賃借人が賃料以外の金銭の支払いを負担することは法律上予定されていないので、敷金の一部を返還しないという敷引特約は、民法の公の秩序に関しない規定の適用による場合に比し、消費者である賃借人の義務を加重するものであり、信義則に反して、消費者である賃借人の利益を一方的に害するものというべきであり、消費者契約法10条により全部無効であるとした裁判例があった（神戸地判平17.7.14判時1901号87頁、京都地判平18.11.8（平18(レ)37号）最高裁HP、京都地判平19.4.20最高裁HP・消費者法ニュース73号121頁、西宮簡判平19.2.6消費者法ニュース72号211頁、京都地判平21.7.23判時2051号119頁・判タ1316号192頁）（消費者関係法執務資料〔改訂〕277頁2）。

これについては、賃借人に通常損耗等の補修費用を負担させる趣旨を含む敷引特約は、任意規定の適用による場合に比し、消費者である賃借人の義務を加重するもの（消費者契約法10条前段該当）というべきであるが、①敷引金の額が契約書に明示され賃借人が敷引特約を明確に認識し、②通常損耗等の補修費用に充てるべき金員を敷引金として授受する旨の合意が成立した場合には、消費者契約法10条後段に直ちに該当するものではないが、③敷引金の

---

* 1　敷引特約の適用肯定──①大阪地判平6.11.28判タ892号204頁（営業用物件について敷引特約の有効性を認めた事例）、②神戸地判平14.6.14（平13(レ)130号）最高裁HP。

* 2　敷引特約適用一部肯定──①大阪地判平17.4.20（平16(ワ)10347号）兵庫県弁護士会HP。

額が建物に生ずる通常損耗等の補修費用として通常予想される額、賃料の額、礼金等他の一時金の授受の有無およびその額等に照らして高額にすぎる場合には、賃料が相場に比して大幅に低額であるなどの特段の事情がない限り、同条後段（信義則に反して消費者である賃借人の利益を一方的に害する）に該当するとして、月額賃料の3.5倍程度の敷引特約について、同条により無効であるということはできないとする最高裁判例（最判平23．3．24（平21㋤1679）最高裁HP）が出された（太田・賃貸住宅管理の法的課題38頁）。

　この最高裁平成23年3月24日判決の事例は、損耗・棄損の部位別一覧表の貸主負担となる通常損耗および自然損耗については、保証金控除額でまかなう旨の条項があり、それにより敷引特約が成立していると理解することが可能であるが、通常損耗等の賃借人負担の原状回復特約の効力に関する最高裁平成17年12月16日判決（判時1921号61頁・判タ1200号127頁）との関係から考えると、そのような条項がなく、単に敷引する旨および敷引金の額が記載されているだけの敷引特約については、有効に成立していないと判断されると思われる（太田・賃貸住宅管理の法的課題40頁）。

　この最高裁平成23年3月24日判決の事例は、通常損耗等の補修費用を賃借人に負担させる趣旨を含むもので、その契約経過年数ごとに敷引金の額を設定するものであったが、その後、最判平23．7．12（平22㋤676）最高裁HPでは、契約経過年数にかかわらず一律に敷引金の額を差し引く一般的な敷引特約について、月額賃料の3.5倍程度の敷引金について、賃料等の額に照らし高額すぎるなどの事情がないとして、当該敷引特約を消費者契約法10条により無効とはいえないとした。この一般的敷引特約事例では、消費者契約法10条後段該当性判断の要件について、最高裁平成23年3月24日判決の要件である②の「通常損耗等の補修費用に充てるべき金員を敷引金として授受する旨の合意が成立していること」という要件が抜け、③の判断要素から「通常損耗等の補修費用として通常予想される額」という要素が抜けている（太田・賃貸住宅管理の法的課題74頁）。

(3) 災害による賃貸借の終了と敷引特約

　居住用の家屋の賃貸借における敷金につき、賃貸借契約終了時にそのうちの一定額または一定の金員〔敷引金〕を返還しない旨の敷引特約がされた場合において、災害により賃借家屋が滅失して賃貸借契約が終了したときは、特段の事情がない限り、敷引特約を適用することはできず、賃貸人は、賃借人に対し、敷引金を返還すべきであるとするのが判例である（最判平10．9．3民集52巻6号1467頁・判時1653号96頁・判タ985号131頁（敷金の2割引きした金額を返還する旨の敷引特約がある賃貸建物が阪神・淡路大震災によって倒壊した事例））。

　これは、敷引金は、個々の契約ごとにさまざまな性質を有するものではあるが、いわゆる礼金（借主から貸主に対しお礼の意味で交付される金員）として合意された場合のように明確な合意が存する場合は別として、一般に、賃貸借契約が火災、震災、風水害その他の災害により当事者が予期していない時期に終了した場合についてまで敷引金を返還しないとの合意が成立していたとは解することはできないので、他に敷引金不返還を相当とするに足りる特段の事情がない限り、敷引金を賃借人に返還すべきものであるからである（最判平10．9．3民集52巻6号1467頁・判時1653号96頁・判タ985号131頁）。

第2　原状回復義務

1　原状回復義務の意義

(1) 通常損耗の賃貸人負担

　建物が時の経過によって古びてきて、減価していくことは避けられないことであるし、また、建物を使用するという賃貸借契約の性質上、建物使用によって、損耗が生ずるのは当然である。そして、賃貸人は、これらの損耗等を考慮して、使用料相当額に必要諸経費等を含めて賃料として回収を図っているはずである。したがって、賃借人の原状回復義務（民法616条・598条）

は、賃借人に、賃貸借終了後、その建物を賃借開始時の状態に戻すことを要求したものではなく、故意過失による建物の毀損や通常でない使用方法による劣化等についてのみ、その回復を義務づけたものと解される。そして、時の経過によって建物に生ずる損耗や建物の通常の使用によって生ずる損耗〔通常損耗〕は、賃貸人が負担するものと解されている（加藤・賃借人の賃貸建物についての原状回復義務（市民と法43号）25頁、原状回復トラブルとガイドライン（再改訂）8頁・39頁Q5、〔再改訂〕賃貸住宅原状回復ガイドライン11頁・49頁Q5、Q&A賃貸住宅原状回復ガイドラインの解説37頁、東京都・賃貸住宅トラブル防止ガイドライン6頁・7頁）。

(2) **賃借人の善管注意義務違反による原状回復義務**

賃借人は、賃貸借終了時に、賃借物を賃貸人に返還すべき義務を負っているから、賃借物の引渡しをするまで、善良な管理者の注意義務がある（民法400条）。そして、賃借人は、契約またはその目的物の性質によって定まった用法に従い使用・収益をする義務がある（民法616条・594条1項）。したがって、賃借人が、これらの義務に違反して、賃借物を毀損等した場合は、賃貸借契約終了時に、賃借物を原状に回復する義務を負う。この場合、賃借人は、当該原状回復費用を負担することになる。

(3) **原状回復をめぐるトラブルとガイドライン**

賃貸住宅の退去時における原状回復について、原状回復にかかる契約関係、費用負担等のルールのあり方を明確にして、賃貸住宅契約の適正化を図ることを目的に、当時の建設省が、平成8年度から平成9年度に「賃貸住宅リフォームの促進方策」の検討について財団法人不動産適正取引推進機構に委託し、その中で、「賃貸住宅リフォームの促進方策検討調査委員会（ソフト部会）」において、平成10年3月に、「原状回復をめぐるトラブルとガイドライン」が取りまとめられ公表された。その後、平成14年3月、国土交通省住宅局に設置された「賃貸住宅市場整備研究会」の下に「賃貸住宅に係る紛争等の防止方策検討ワーキングチーム」を設け、その後の新しい裁判例を追

加するなどの所定の改訂がされた（平成16年2月）。

その後、平成23年8月に再改訂がなされ、以下のような改訂がなされた（原状回復トラブルとガイドライン（再改訂）［2］解説、〔再改訂〕賃貸住宅原状回復ガイドライン183頁〜［II］、太田・賃貸住宅管理の法的課題289頁〔追補〕）。

ア 「契約書に添付する原状回復の条件に関する様式」（【書式2】（42頁）参照）、
「原状回復の精算明細等に関する様式」（【書式5】（80頁）参照）等の追加

イ 残存価値割合の変更（10％→1円）

経過年数による減価割合については、「減価償却の耐用年数等に関する省令」（第2部I（212頁）参照）を参考にするとされており、償却期間経過後の賃借人の負担が10％となるよう賃借人の負担を決定していたが、平成19年の税制改正によって残存価値が廃止され、耐用年数経過時に残存価値が1円まで償却できるようになったため、ガイドラインにおける経過年数の考慮も税制改正に従った形で訂正した。

ウ 原状回復の負担部分の改訂

(ｱ) 喫煙のよるヤニ・臭い

旧ガイドラインでは喫煙自体が通常の使用で用法違反ではないとされていたが、喫煙者の減少、喫煙に対する社会情勢等にも鑑み、通常の使用であることを前提にするのではなく、汚損がある場合には賃借人の負担になる趣旨で位置付けをして内容の変更をした（通常の使用によるものAから通常の使用による結果とはいえないものBへの変更（本章本節第2・2(2)（84頁）参照））。

また、喫煙については、ヤニの汚れだけではなく、臭いが付着した場合に原状回復工事が必要となることから、その旨が明記された。

(ｲ) ペット飼育による損傷・臭い

ペットの飼育についても、喫煙による臭いと同様に、ペットの尿の後始末などが不十分で臭いが付着した場合に原状回復工事が必要となることが明記された。特に賃貸物件がペット飼育禁止とされている場合は、ペット飼育は用法違反となることが明確化された。

(ウ)　キャスター付きのイス等によるフローリングの損傷

　キャスター付きイス等によるフローリングのキズ・へこみについては、フローリングやキャスター付きのイスが普及していること、実務上も賃借人の負担としているケースが少ないことなどを踏まえ、特記する必要性が乏しいとして、削除された。

　(エ)　エアコンの内部洗浄

　エアコンの吹き出し口のフィルターなどの清掃は、賃借人が通常の清掃として実施すべきものと考えられるが、エアコンドラム等の内部洗浄までは、通常の生活においても必ず行うとまでは言い切れず、賃借人の管理の範囲を超えているので、賃貸人負担である旨が新たに規定された。ただ、喫煙等による臭い・ヤニ等が付着している場合は、通常の使用による汚損を超えるものとして、貸借人の負担となると考えられる。

　(オ)　戸建賃貸住宅の庭に生い茂った雑草

　庭付き戸建住宅における草取りが行われず、庭に雑草が生い茂った状態になった場合、一般的な庭の管理として行われるべき草取りが適切に行われなかったとして、賃借人の善管注意義務違反と判断される場合が多いと考えられ、雑草の除去等の原状回復費用が賃借人の負担となる旨が新たに規定された。

　(カ)　設備機器の経過年数の考慮の際の耐用年数の明確化

　設備機器については、旧ガイドラインでは一律に耐用年数を8年として経過年数を考慮していたが、「減価償却資産の耐用年数等の関する省令」（第2部Ⅰ（212頁）参照）において設備機器に応じて耐用年数が定められていることから、その耐用年数を参考に経過年数の考慮をきめ細かくできるように、主な設備について耐用年数が新たに明記された。明記されていない設備については、「減価償却資産の耐用年数等の関する省令」の規定あるいは運用を参考に経過年数の考慮を行うことになる。

(キ) フローリング張替えの場合の経過年数の考慮の明記

フローリングについては、原状回復工事として部分工事が前提とされ、経過年数を考慮しないとされていたが、フローリング全体にわたっての毀損により全体の張替えが必要となる場合には、経過年数を考慮することが適当と考えられるので、その点が明記された。

この際の経過年数の考慮については、建物の耐用年数によることとされているが、建物の耐用年限の途中でフローリング床の全面張替を行った場合には、張替時点での価値を100％として、当該建物の元々の耐用年数で、残存価値が１円となるような直線を想定し、賃借人の負担割合を算定することとされる。

等

エ　チェックリストの見直し（交換年月日の追加）

オ　Q&A、裁判例の追加

第1章　建物賃貸借契約

［資料1］「原状回復をめぐるトラブルとガイドライン」（再改訂版）の概要

> 「原状回復をめぐるトラブルとガイドライン」について
>
> 　　　　　　　　　　　　　　　　国土交通省　住宅局住宅総合整備課
>
> ■概　要
> ○ガイドラインの位置付け
> 　民間賃貸住宅における賃貸借契約は、いわゆる契約自由の原則により、貸す側と借りる側の双方の合意に基づいて行われるものですが、退去時において、貸した側と借りた側のどちらの負担で原状回復を行うことが妥当なのかについてトラブルが発生することがあります。
> 　こうした退去時における原状回復をめぐるトラブルの未然防止のため、賃貸住宅標準契約書の考え方、裁判例及び取引の実務等を考慮のうえ、原状回復の費用負担のあり方について、妥当と考えられる一般的な基準をガイドラインとして平成10年3月に取りまとめたものであり、平成16年2月及び平成23年8月には、裁判事例及びQ&Aの追加などの改訂を行っています。
>
> > ①　このガイドラインは、賃料が市場家賃程度の民間賃貸住宅を想定しています。
> > ②　このガイドラインは、**賃貸借契約締結時**において参考にしていただくものです。
> > ③　現在、**既に賃貸借契約を締結されている方**は、一応、現在の契約書が有効なものと考えられますので、**契約内容に沿った取扱いが原則です**が、契約書の条文があいまいな場合や、契約締結時に何らかの問題があるような場合は、このガイドラインを参考にしながら話し合いをして下さい。
>
> ○トラブルを未然に防止するために
> 　原状回復の問題は、賃貸借契約の「出口」すなわち退却時の問題と捉えられがちですが、これを「入口」すなわち入居時の問題と捉え、入・退却時における損耗等の有無など物件の状況をよく確認しておくことや、契約締結時において、原状回復などの契約条件を当事者双方がよく確認し、納得したうえで契約を締結するなどの対策を的確にとることが、トラブルを未然に防止するためには有効であると考えられます。
>
> ○ガイドラインのポイント
> ①原状回復とは
> 　原状回復を**「賃借人の居住、使用により発生した建物価値の減少のうち、**

賃借人の故意・過失、善管注意義務違反、その他通常の使用を超えるような使用による損耗・毀損を復旧すること」と定義し、その費用は賃借人負担としました。そして、いわゆる経年変化、通常の使用による損耗等の修繕費用は、賃料に含まれるものとしました。
　⇒　原状回復は、賃借人が借りた当時の状態に戻すことではないことを明確化
②「通常の使用」とは
「通常の使用」の一般的定義は困難であるため、具体的な事例を次のように区分して、賃貸人と賃借人の負担の考え方を明確にしました。
(参考図参照)
　　　Ａ　：賃借人が通常の住まい方、使い方をしていても、発生すると考えられるもの
　　　Ｂ　：賃借人の住まい方、使い方次第で発生したり、しなかったりすると考えられるもの（明らかに通常の使用等による結果とは言えないもの）
Ａ（＋Ｂ）：基本的にはＡであるが、その後の手入れ等賃借人の管理が悪く、損耗等が発生または拡大したと考えられるもの
Ａ（＋Ｇ）：基本的にはＡであるが、建物価値を増大させる要素が含まれているもの
　⇒　このうち、Ｂ及びＡ（＋Ｂ）については賃借人に原状回復義務があるとしました。
③経過年数の考慮
　前記ＢやＡ（＋Ｂ）の場合であっても、経年変化や通常損耗が含まれており、賃借人はその分を賃料として支払っていますので、賃借人が修繕費用の全てを負担することとなると、契約当事者間の費用配分の合理性を欠くなどの問題があるため、賃借人の負担については、建物や設備の経過年数を考慮し、年数が多いほど負担割合を減少させるのが適当です。
④施工単位
　原状回復は毀損部分の復旧ですから、可能な限り毀損部分に限定し、その補修工事は出来るだけ最低限度の施工単位を基本としていますが、毀損部分と補修を要する部分とにギャップ（色あわせ、模様あわせなどが必要なとき）がある場合の取扱いについて、一定の判断を示しています。

(参考)
賃貸住宅の価値（建物価値）

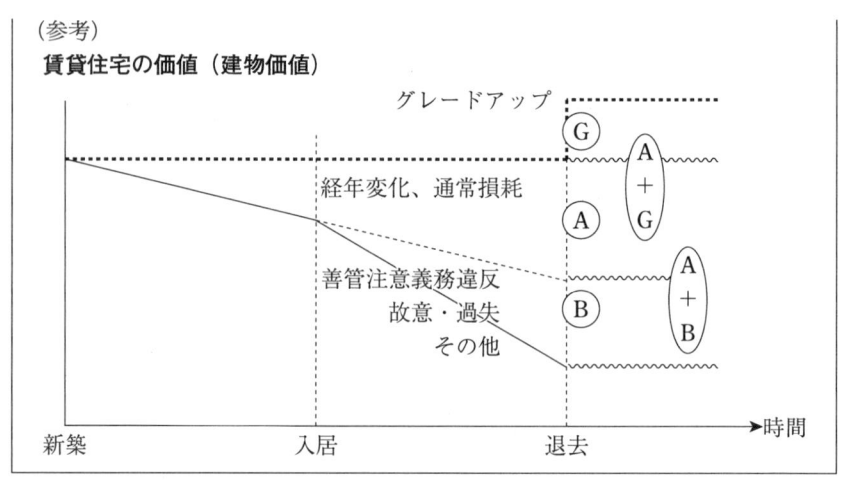

[図：新築から退去までの建物価値の推移を示すグラフ。経年変化・通常損耗、善管注意義務違反・故意・過失・その他、グレードアップの区分とA、B、G、A+G、A+Bの領域を表示]

※国土交通省HP参照

　また、東京都においては、民間賃貸住宅の賃貸借をめぐるトラブルを防止するため、「東京における住宅の賃貸借に係る紛争の防止に関する条例」等を制定し（資料Ⅰ・Ⅱ（212〜215頁）参照）、当該条例等で説明を義務づけている原状回復や入居中の修繕などの基本的な考え方について、法律上の原則や判例等をもとにわかりやすく解説した「賃貸住宅トラブル防止ガイドライン」を作成している。

第 2 節　敷金返還請求と原状回復義務

[資料2] 賃貸住宅紛争防止条例＆賃貸住宅トラブル防止ガイドライン
東京都都市整備局 HP より

Ⅲ　賃貸住宅トラブル防止ガイドライン（概要）

原状回復の基本的な考え方（原則）

借主の負担（原状回復）

借主の故意・過失や通常の使用方法に反する使用など、借主の責任によって生じた住宅の損耗やキズ等の復旧

※故障や不具合を放置したことにより、発生・拡大した汚れやキズも借主の負担です。

貸主の負担

経年変化及び通常の使用による損耗等の復旧

賃貸借物件の価値変化イメージ

建物や設備の価値は、年数の経過や使用に伴って、減少していく。＝自然損耗（経年変化・通常損耗）

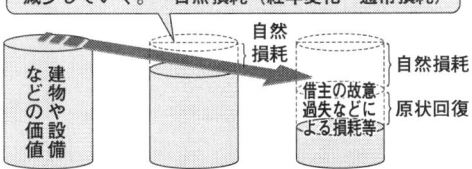

入居時 ▶▶▶▶▶▶▶▶▶▶▶▶▶ 退去時

原状回復に関する特約

貸主と借主の合意により、上記の原則と異なる特約を定めることができます。

ただし、通常の原状回復義務を超えた負担を借主に課す特約は、すべて認められるわけではありません。裁判の結果、特約が無効と判断されることもあります。判例等によれば、特約が有効となるためには、右の3つの要件が必要であるとされています。

賃借人に特別の負担を課す特約が有効と認められるための要件

① 特約の必要性があり、かつ、暴利的でないなどの客観的、合理的理由が存在すること
② 賃借人が特約によって通常の原状回復義務を超えた修繕等の義務を負うことについて認識していること
③ 賃借人が特約による義務負担の意思表示をしていること

入居中の修繕の基本的な考え方（原則）

貸主には、借主がその住宅を使用し居住していくうえで、必要となる修繕を行う義務があります。ただし、借主の故意・過失、通常の使用方法に反する使用など、借主の責任によって必要となった修繕は、借主の負担となります。

入居中の修繕に関する特約

貸主と借主の合意により、小規模な修繕については、貸主の修繕義務を免除するとともに、借主が自らの費用負担で行うことができるという特約を定めることができます。

> **ご注意！** このような特約がある場合でも、修繕を行うかどうかは借主の自由であり、借主は修繕義務を負うわけではありません。したがって、この特約を理由に、退去時の原状回復費用として、借主が入居中に行わなかった小規模な修繕に要する費用を請求することはできないとされています。

69

(4) 原状回復にかかるトラブル防止のための措置

　賃貸建物の原状回復にかかる賃貸人・賃借人間のトラブルを防止するためには、入居時と退去時における賃貸物件の状況を明確にしておくことが大切である。入居時および退去時に、賃貸人・賃借人双方が立会い、賃貸物件のチェックリストを作成したり、写真を撮るなどして、賃貸物件の状況を明確にしておけば、当事者間の話し合いで、原状回復にかかるトラブルを解決することも可能になってくると思われる（原状回復トラブルとガイドライン（再改訂）3頁1・37頁Q1、〔再改訂〕賃貸住宅原状回復ガイドライン3頁1・47頁Q1、Q&A賃貸住宅原状回復ガイドラインの解説25頁）。

　入居時および退去時に、賃貸人・賃借人双方が立ち会って、賃貸物件のチェックリストの作成や写真を撮ったりしなかった場合でも、賃貸人や賃借人としては、入居時および退去時の原状を写真に撮っておくことが大事である。特に、賃借人の敷金返還請求に対し、賃貸人としては、賃料・賃料相当損害金債務以外の損害金の敷金からの控除の抗弁の主張立証責任があるので（第2章第3節第2・3(1)（205頁）参照）、退去時の写真等を撮らずに、原状回復をしてしまうと、賃借人の用法順守義務違反による損害についての客観的証拠がなくなってしまい、賃借人の用法順守義務違反による損害の抗弁の主張が認められないことになってしまう。

【書式３】 入退去時の物件状況および原状回復確認リスト（例）

入退去時の物件状況確認リスト

物件名		住戸番号	
所在地		TEL（　）　－	
借主氏名		貸主氏名	
契約日　年　月　日	入居日　年　月　日		退去日　年　月　日
転居先住居		転居先TEL（　）　－	

場所	箇所	入　居　時			退　去　時		修繕		交換		負担	
		損耗	交換年月	具体的な状況	損耗	具体的な状況	要	不要	要	不要	貸	借
玄関・廊下	天井	有・無			有・無							
	壁	有・無			有・無							
	床	有・無			有・無							
	玄関ドア	有・無			有・無							
	鍵	有・無			有・無							
	チャイム	有・無			有・無							
	下駄箱	有・無			有・無							
	照明器具	有・無			有・無							
	郵便受け	有・無			有・無							
台所・食堂・居間	天井	有・無			有・無							
	壁	有・無			有・無							
	床	有・無			有・無							
	流し台	有・無			有・無							
	戸棚類	有・無			有・無							
	換気扇	有・無			有・無							
	給湯機器	有・無			有・無							
	電気・ガスコンロ	有・無			有・無							
	照明器具	有・無			有・無							
	給排水設備	有・無			有・無							

第1章　建物賃貸借契約

浴室	天井・壁・床	有・無		有・無		
	ドア	有・無		有・無		
	風呂釜	有・無		有・無		
	浴槽	有・無		有・無		
	シャワー	有・無		有・無		
	給排水設備	有・無		有・無		
	照明・換気扇	有・無		有・無		
	タオル掛け	有・無		有・無		
洗面所	天井・壁・床	有・無		有・無		
	ドア	有・無		有・無		
	洗面台	有・無		有・無		
	洗濯機置場	有・無		有・無		
	給排水設備	有・無		有・無		
	照明器具	有・無		有・無		
	タオル掛け	有・無		有・無		
トイレ	天井・壁・床	有・無		有・無		
	ドア	有・無		有・無		
	便器	有・無		有・無		
	水洗タンク	有・無		有・無		
	照明・換気扇	有・無		有・無		
	ペーパーホルダー	有・無		有・無		

72

第 2 節　敷金返還請求と原状回復義務

場所	箇所	入　居　時			退　去　時		修繕		交換		負担	
		損耗	交換年月	具体的な状況	損耗	具体的な状況	要	不	要	不	要	不
個室	天井	有・無			有・無							
	壁	有・無			有・無							
	床	有・無			有・無							
	間仕切り	有・無			有・無							
	押入・天袋	有・無			有・無							
	外回り建具	有・無			有・無							
	照明器具	有・無			有・無							
個室	天井	有・無			有・無							
	壁	有・無			有・無							
	床	有・無			有・無							
	間仕切り	有・無			有・無							
	押入・天袋	有・無			有・無							
	外回り建具	有・無			有・無							
	照明器具	有・無			有・無							
個室	天井	有・無			有・無							
	壁	有・無			有・無							
	床	有・無			有・無							
	間仕切り	有・無			有・無							
	押入・天袋	有・無			有・無							
	外回り建具	有・無			有・無							
	照明器具	有・無			有・無							
その他	エアコン	有・無			有・無							
	スイッチ・コンセント	有・無			有・無							
	バルコニー	有・無			有・無							
	物干し金具	有・無			有・無							
	TV・電話端子	有・無			有・無							

73

第1章　建物賃貸借契約

（備考）

☆入居時　上記の通り物件各箇所の状況について点検し、確認しました。
　　　　　　　平成　　年　　月　　日　　　　　　　　平成　　年　　月　　日
　借主氏名　　　　　　　　　　　　印　　貸主氏名　　　　　　　　　　　　印
　　　　　　　　　　　　　　　　　　　　　　　　　　平成　　年　　月　　日
　管理業者名及び
　確認担当者氏名　　　　　　　　　　　　　　　　　　　　　　　　　　　　印

☆退去時　上記の通り物件各箇所の状況について点検し、確認しました。
　　　　　　　平成　　年　　月　　日　　　　　　　　平成　　年　　月　　日
　借主氏名　　　　　　　　　　　　印　　貸主氏名　　　　　　　　　　　　印
　　　　　　　　　　　　　　　　　　　　　　　　　　平成　　年　　月　　日
　管理業者名及び
　確認担当者氏名　　　　　　　　　　　　　　　　　　　　　　　　　　　　印

（注1）　入居時には、賃貸人、賃借人の双方の視点で当該物件の部屋および部位ごとに「箇所」を確認し、「損耗」の有無に○を付け、「交換年月」を記入する。そしてその損耗の具体的な状況を適宜記入する（写真等に撮影して添付する等より具体的にすることが望ましい）。

（注2）　退去時には、入居時に記入した状況等をもとに、賃貸人・賃借人の双方の視点で物件の部屋および部位ごとに「箇所」を確認し、損耗等の有無や具体的な状況、修繕等の要否を適宜記入する。

※　原状回復トラブルとガイドライン（再改訂）4頁、〔再改訂〕賃貸住宅原状回復ガイドライン5頁・6頁参照。

【書式４】 入退去時の物件状況確認チェックリスト（例）

入退去時の物件状況確認チェックリスト

物 件 名：　　　　　　　　　　　　　　　　　（　　　　　号室）
契約日：　年　月　日　入居日：　年　月　日　退去日：　年　月　日
※番号欄は、損耗部分を明確にするために、写真や間取り図等と対応する番
　号を記入してください。

チェック項目		入居時の状況			退去時の状況			負担
		損耗等	具体的な状況	※番号	損耗等	具体的な状況	※番号	
玄関・廊下	天井	有・無			有・無			
	壁	有・無			有・無			
	床	有・無			有・無			
	玄関ドア	有・無			有・無			
	鍵	有・無			有・無			
	下駄箱	有・無			有・無			
	照明器具	有・無			有・無			
		有・無			有・無			
台所・食堂	天井	有・無			有・無			
	壁	有・無			有・無			
	床	有・無			有・無			
	流し台	有・無			有・無			
	吊戸棚	有・無			有・無			
	換気扇	有・無			有・無			
	給湯機器	有・無			有・無			
	コンロ	有・無			有・無			
	照明器具	有・無			有・無			
	給排水	有・無			有・無			
		有・無			有・無			
	天井	有・無			有・無			

第1章　建物賃貸借契約

浴室	壁	有・無		有・無			
	床	有・無		有・無			
	風呂釜	有・無		有・無			
	浴槽	有・無		有・無			
	シャワー	有・無		有・無			
	給排水	有・無		有・無			
	照明・換気扇	有・無		有・無			
		有・無		有・無			
洗面所	天井	有・無		有・無			
	壁	有・無		有・無			
	床	有・無		有・無			
	洗面台	有・無		有・無			
	給排水	有・無		有・無			
	照明・換気扇	有・無		有・無			
		有・無		有・無			
トイレ	天井	有・無		有・無			
	壁	有・無		有・無			
	床	有・無		有・無			
	便器	有・無		有・無			
	水洗タンク	有・無		有・無			
	照明・換気扇	有・無		有・無			
		有・無		有・無			

第2節　敷金返還請求と原状回復義務

チェック項目		入居時の状況			退去時の状況			負担
		損耗等	具体的な状況	※番号	損耗等	具体的な状況	※番号	
個室	天井	有・無			有・無			
	壁	有・無			有・無			
	床	有・無			有・無			
	押入・天袋	有・無			有・無			
	照明器具	有・無			有・無			
		有・無			有・無			
個室	天井	有・無			有・無			
	壁	有・無			有・無			
	床	有・無			有・無			
	押入・天袋	有・無			有・無			
	照明器具	有・無			有・無			
		有・無			有・無			
個室	天井	有・無			有・無			
	壁	有・無			有・無			
	床	有・無			有・無			
	押入・天袋	有・無			有・無			
	照明器具	有・無			有・無			
		有・無			有・無			
建具	居室等の扉	有・無			有・無			
	障子	有・無			有・無			
	ふすま	有・無			有・無			
	天袋ふす	有・無			有・無			

77

	ま						
	窓	有・無		有・無			
	網戸	有・無		有・無			
	雨戸	有・無		有・無			
		有・無		有・無			
その他	エアコン	有・無		有・無			
	テレビアンテナ端子	有・無		有・無			
	スイッチ・コンセント	有・無		有・無			
	カーテンレール	有・無		有・無			
	バルコニー	有・無		有・無			
	洗濯機置場	有・無		有・無			
	物干し金具	有・無		有・無			
	インターホン	有・無		有・無			
		有・無		有・無			

【入居時】上記のとおり点検し、確認しました。
　　　　　　　年　　月　　日
借主氏名　――――――――――　印
　　　　　　　年　　月　　日
貸主氏名　――――――――――　印
　　　　　　　年　　月　　日
立会者氏名　――――――――――　印

【退去時】上記のとおり点検し、確認しました。
　　　　　　　年　　月　　日
借主氏名　――――――――――　印
　　　　　　　年　　月　　日
貸主氏名　――――――――――　印
　　　　　　　年　　月　　日
立会者氏名　――――――――――　印

※東京都都市整備局 HP・賃貸住宅トラブル防止ガイドラインより

第2節　敷金返還請求と原状回復義務

〈図1〉　原状回復の費用算定の手順（イメージ）

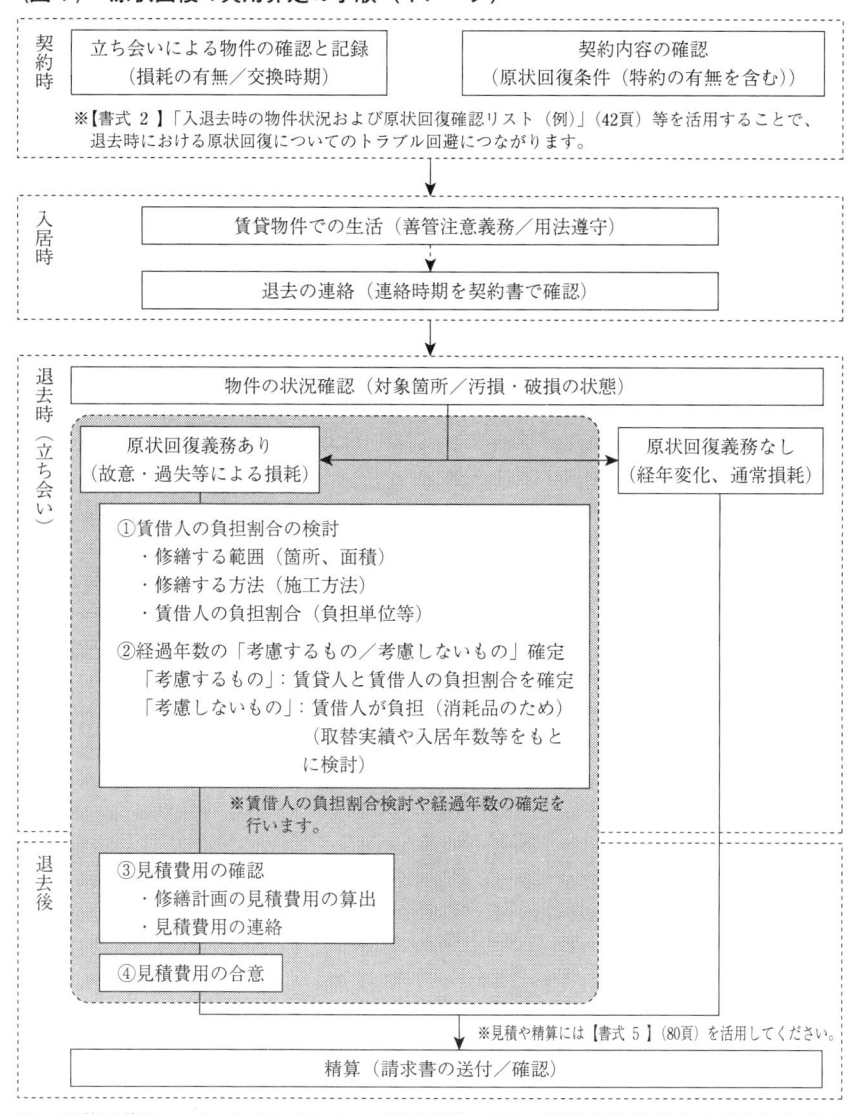

契約時
- 立ち会いによる物件の確認と記録（損耗の有無／交換時期）
- 契約内容の確認（原状回復条件（特約の有無を含む））

※【書式2】「入退去時の物件状況および原状回復確認リスト（例）」（42頁）等を活用することで、退去時における原状回復についてのトラブル回避につながります。

入居時
- 賃貸物件での生活（善管注意義務／用法遵守）
- 退去の連絡（連絡時期を契約書で確認）

退去時（立ち会い）
- 物件の状況確認（対象箇所／汚損・破損の状態）
- 原状回復義務あり（故意・過失等による損耗）
- 原状回復義務なし（経年変化、通常損耗）

①賃借人の負担割合の検討
・修繕する範囲（箇所、面積）
・修繕する方法（施工方法）
・賃借人の負担割合（負担単位等）

②経過年数の「考慮するもの／考慮しないもの」確定
「考慮するもの」：賃貸人と賃借人の負担割合を確定
「考慮しないもの」：賃借人が負担（消耗品のため）
（取替実績や入居年数等をもとに検討）

※賃借人の負担割合検討や経過年数の確定を行います。

退去後
③見積費用の確認
・修繕計画の見積費用の算出
・見積費用の連絡

④見積費用の合意

※見積や精算には【書式5】（80頁）を活用してください。

精算（請求書の送付／確認）

※　原状回復トラブルとガイドライン（再改訂）16頁、〔再改訂〕賃貸住宅原状回復ガイドライン22頁参照。

【書式５】 原状回復の精算明細等に関する様式（例）

原状回復の精算明細書について

物件名		住戸番号	
所在地		TEL（　）　－	
借主氏名		貸主氏名	
契約日　　年　月　日	入居日　　年　月　日		退去日　　年　月　日
転居先住所		転居先TEL（　）　－	

精算金額　　　　　　　　　　　　　円

対象箇所 （適宜追加・削除）		修繕等の内容 （該当する方法に○を付ける）	原状回復工事費用			経過年数	賃貸人の負担		賃借人の負担	
			単価(円)	単位	量	金額(円)		割合(%)	金額(円)	割合(%)	金額(円)
室内クリーニング				一式	1						
床	クッションフロア	洗浄・補修・塗替・張替		m²							
	フローリング	洗浄・補修・塗替・張替		m²							
	畳	表替・交換		枚							
	カーペット類	洗浄・補修・塗替・張替		m²							
天井・壁	壁（クロス）	洗浄・補修・塗替・張替		m²							
	天井（クロス）	洗浄・補修・塗替・張替		m²							
	押入れ・天袋	洗浄・補修		箇所							

第 2 節　敷金返還請求と原状回復義務

建具	窓（ガラス・枠）	洗浄・補修・調整・交換	枚							
	網戸（網・枠）	洗浄・調整・交換	枚							
	襖	洗浄・張替・交換	枚							
	障子	洗浄・張替・交換	枚							
	室内ドア・扉	洗浄・補修・調整・交換	枚							
	カーテンレール	洗浄・補修・調整・交換	箇所							
	シャッター（雨戸）	洗浄・補修・調整・交換	箇所							
	柱	洗浄・補修・交換	箇所							
	間仕切り	洗浄・補修・交換	箇所							
	玄関ドア	洗浄・補修・交換	箇所							
設備・その他	共通	照明器具	洗浄・修理・交換	個						
		電球・電灯類	交換	個						
		スイッチ	洗浄・修理・交換	個						
		コンセント	洗浄・修理・交換	個						
		エアコン	洗浄・修理・交換	台						
		テレビ用端子	洗浄・修理・交換	個						
		電話端子	洗浄・修理・交換	個						
		換気扇	洗浄・修理・交換	個						
		バルコニー	洗浄・修理・交換	個						
		物干し金具	洗浄・修理・交換	個						
	玄関・廊下	チャイム・インターホン	洗浄・修理・交換	台						
		玄関ドアの鍵	シリンダー交換	個						

81

設備・その他（つづき）		下駄箱	洗浄・補修・交換	箇所					
		郵便受け	洗浄・修理・交換	個					
	台所・キッチン	電気・ガスコンロ	洗浄・修理・交換	一式	1				
		給湯機器	洗浄・修理・交換	一式	1				
		戸棚類	洗浄・修理・交換	箇所					
		流し台	洗浄・修理・交換	一式	1				
		給排水設備	洗浄・修理・交換	一式	1				
	浴室・洗面所・トイレ	鏡	洗浄・修理・交換	台					
		シャワー	洗浄・修理・交換	一式	1				
		洗面台	洗浄・修理・交換	一式	1				
		クサリ及びゴム栓	交換	個					
		風呂釜	洗浄・修理・交換	一式	1				
		浴槽	洗浄・修理・交換	一式	1				
		給排水設備	洗浄・修理・交換	一式	1				
		蓋および備品類	洗浄・修理・交換	一式	1				
		便器	洗浄・修理・交換	一式	1				
		水洗タンク	洗浄・修理・交換	一式	1				
		洗濯機置場	洗浄・修理・交換	一式	1				
		タオル掛け	洗浄・修理・交換	個					
		ペーパーホルダー	洗浄・修理・交換	個					

第 2 節　敷金返還請求と原状回復義務

※　本表は、原状回復の精算を具体的にすることを目的に作成している（原状回復とは、「賃借人の居住、使用により発生した建物価値の減少のうち、賃借人の故意・過失、善感注意義務違反、その他通常の使用を超えるような使用による損耗・毀損を復旧すること」と定義される）。
※　本表の対象箇所は、【書式3】「入退去時の物件状況及び原状回復確認リスト（例）」（71頁）に記載されている対象箇所を部位別にまとめて例示しているが、使用にあたっては、それぞれの物件に応じた形で、対象箇所の追記、削除を行われたい。
※　「原状回復工事費用」の記入にあたっては、契約時の原状回復の条件を基に原状回復を実施する際の「単価」を記入し、加えて「量」を記入することによって、「金額」を算出する。
※　経過年数を考慮するものについては、それぞれの「経過年数」を記入する。
※　その上で、「賃貸人の負担」「賃借人の負担」について、契約時の原状回復の条件を基に、賃借人の負担単位、耐用年数から算出した賃借人負担割合を考慮して算出した「割合（％）」を乗じた「金額」を記入する。

※　原状回復トラブルとガイドライン（再改訂）28頁、〔再改訂〕賃貸住宅原状回復ガイドライン37頁参照。

83

2　原則的な賃借人の原状回復義務の具体的内容

(1)　建物の損耗等の区分

建物の損耗等は、以下のものに区分できる。

① 　建物・設備等の自然的な劣化・損耗等〔経年変化〕
② 　賃借人の通常の使用により生ずる損耗等〔通常損耗〕
③ 　賃借人の故意・過失、善管注意義務（善良な管理者の注意義務（民法400条））違反、その他通常の使用を超えるような使用による損耗等

上記①・②については、原則として、賃借人に原状回復義務はなく（上記1(1)（61頁）参照）、上記③については、賃借人に原状回復義務があると考えられる。賃借人は、賃借物を善良な管理者としての注意を払って使用する義務があり（民法400条）、賃借人が不注意等により賃借物に対して損耗・損傷等を生じさせた場合、賃借人としては善管注意義務に違反したことになるのである（原状回復トラブル防止ガイドライン（再改訂）8頁・39頁Ｑ5、〔再改訂〕賃貸住宅原状回復ガイドライン11頁・49頁Ｑ5、東京都・賃貸住宅トラブルとガイドライン7頁）。そして、賃貸物件の損耗等の補修・修繕費用については、①・②については賃貸人の負担となり〔通常損耗等の賃貸人負担（上記1(1)（61頁）参照）〕、③については、賃借人の負担となるのが原則である（原状回復トラブルとガイドライン（再改訂）8頁、〔再改訂〕賃貸住宅原状回復ガイドライン11頁）。

(2)　建物価値の減少等の区分

賃貸建物の価値の減少等について、国土交通省住宅局の「原状回復をめぐるトラブルとガイドライン〔再改訂版〕」では、以下のように区分している（本章本節第2・1(2)［資料1］「原状回復をめぐるトラブルとガイドライン」（再改訂版）の概要（66頁）参照）（原状回復トラブルとガイドライン（再改訂）10頁・11頁(1)、〔再改訂〕賃貸住宅原状回復ガイドライン13頁・14頁(1)）。

A	賃借人が通常の住まい方、使い方をしても発生すると考えられる建物価値の減少等
B	賃貸人の住まい方、使い方次第で発生したり、しなかったりすると考えられる建物価値の減少等（明らかに通常の使用等による結果とはいえないもの）
A（+B）	基本的にはAであるが、入居後の手入れ等賃借人の管理が悪く、損耗等が発生または拡大したものと考えられる建物価値の減少等
A（+G）	基本的にはAであるが、建物価値を増大させる要素が含まれるもの

　上記Aの賃借人が通常の住まい方、使い方をしても発生すると考えられる建物価値の減少等は、上記(1)①の経年変化か同②の通常損耗に該当し、これは、原則として、賃貸借期間中の賃料でカバーされるものであり、賃借人はこれらを修繕等する義務はなく、この費用は、賃貸人が負担することになる（原状回復トラブルとガイドライン（再改訂）11頁、〔再改訂〕賃貸住宅原状回復ガイドライン14頁）。

　上記A（+G）は、古くなった設備等を最新のものに取り替えるとか、居室をあたかも新築のような状態にするためのクリーニングを実施する等の建物の価値の減少を補ったうえに、さらに建物価値を増大させるような修繕等であり、これも、基本的には、賃貸建物の新たな入居者を確保するためのもので、賃貸借期間中の賃料でカバーされるものであり、賃借人はこれらを修繕等する義務はなく、この費用は、賃貸人が負担することになる（原状回復トラブルとガイドライン（再改訂）11頁、〔再改訂〕賃貸住宅原状回復ガイドライン14頁、東京都・賃貸住宅トラブル防止ガイドライン8頁）。

第1章　建物賃貸借契約

　上記Bの賃貸人の住まい方、使い方次第で発生したり、しなかったりすると考えられる建物価値の減少等は、上記(1)③の賃借人の故意・過失、善管注意義務（善良な管理者の注意義務（民法400条））違反を含むことがあり、通常の使用により生ずる損耗等とはいえない。したがって、賃借人に原状回復義務が発生し、賃借人の費用負担を検討する必要がある（原状回復トラブルとガイドライン（再改訂）11頁、〔再改訂〕賃貸住宅原状回復ガイドライン14頁）。

　上記A（＋B）の賃借人が通常の住まい方、使い方をしても発生すると考えられる建物価値の減少等ではあるが、入居後の手入れ等賃借人の管理が悪く、損耗等が発生または拡大したものと考えられる建物価値の減少等は、損耗の拡大について、賃借人に善管注意義務（善良な管理者の注意義務（民法400条））違反等があると考えられる。したがって、賃借人に原状回復義務が発生し、賃借人の費用負担を検討する必要がある（原状回復トラブルとガイドライン（再改訂）11頁、〔再改訂〕賃貸住宅原状回復ガイドライン14頁）。

(3)　経過年数による経年変化・通常損耗分の控除

ア　経過年数と経年変化・通常損耗分の負担

　上記(2)のBやA（＋B）の場合で、賃借人に原状回復義務が発生し、賃借人が原状回復費用を負担する場合、上記(2)のBのように、明らかに賃借人の通常の使用等による結果とはいえないものであっても、経年変化・通常損耗はその前提となっており、経年変化・通常損耗分は、賃借人としては賃料として支払ってきているのであり、この分の費用も明渡時に賃借人が負担するとなると、賃借人は、経年変化・通常損耗分を二重に負担することになる（原状回復トラブルとガイドライン〔再改訂〕12頁、〔再改訂〕賃貸住宅原状回復ガイドライン16頁、東京都・賃貸住宅トラブル防止ガイドライン8頁）（上記1(1)(61頁)および下記3(1)(107頁)参照）。

イ　入居年数と賃借人の原状回復費用の負担

　また、経年変化・通常損耗分は、入居して何年で明け渡すかによって違ってくるはずである。またその経過年数による減価割合については、減価償却

資産の耐用年数等に関する省令（昭和40年３月31日大蔵省令第15号）を参考として定める（原状回復トラブルとガイドライン（再改訂）12頁、〔再改訂〕賃貸住宅原状回復ガイドライン16頁、Q&A賃貸住宅原状回復ガイドラインの解説43頁・49頁）。

　この経過年数による減価割合については、従前法人税法および法人税法施行令における減価償却資産の考え方を採用し、「減価償却資産における耐用年数等に関する省令」（昭40．３．31大蔵省令第15号）における経過年数による減価割合を参考にして、償却年数経過後の残存価値は10％となるようにして賃借人の負担を決定してきたが、平成19年の税制改正によって残存価値が廃止され、耐用年数経過時に残存簿価１円まで償却できるようになったことを踏まえ、カーペット等の場合、償却年数は、６年で残存価値１円となるような直線等を描いて経過年数による賃借人の負担を決定することとされた（原状回復トラブルとガイドライン（再改訂）12頁、〔再改訂〕賃貸住宅原状回復ガイドライン16頁）。

　なお、経過年数を超えた設備等であっても、継続して賃貸住宅の設備等として使用可能な場合があり、このような場合に賃借人が故意・過失により設備等を破損し、使用不能としてしまった場合には、賃貸住宅の設備等として本来機能していた状態まで戻すことになる。たとえば、賃借人がクロスに故意に行った落書きを消すための費用（工事費や人件費等）などについては、賃借人の負担となることがある（原状回復トラブルとガイドライン（再改訂）12頁、〔再改訂〕賃貸住宅原状回復ガイドライン17頁）。

　ウ　入居時の状況による当初の価値の判断

　上記イの入居当時の価値を100％として経過年数による減価をすることができるのは、入居前に新品または新品と交換した場合であり、入居前にすでに何年か使用したものであれば、その年数を考慮して、経過年数のグラフを下方にシフトさせて判断することになる（原状回復トラブルとガイドライン（再改訂）13頁、〔再改訂〕賃貸住宅原状回復ガイドライン17頁・18頁、Q&A賃貸

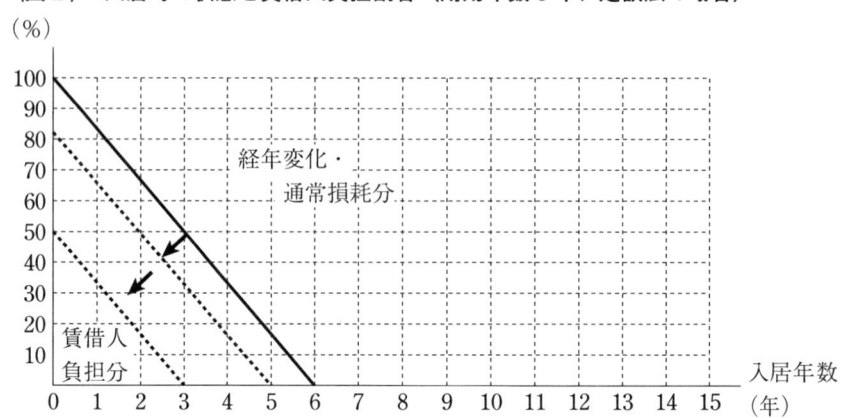

〈図2〉　入居時の状態と賃借人負担割合（耐用年数6年、定額法の場合）

(%)
100
90
80
70　　　経年変化・
60　　　通常損耗分
50
40
30
20
賃借人
10　負担分
0　1　2　3　4　5　6　7　8　9　10　11　12　13　14　15
入居年数
（年）

※　入居時の設備等の状態により、左方にシフトさせる。新築や交換、張替えの直後であれば、始点は（入居年数、割合）＝（0年、100％）となる。

住宅原状回復ガイドラインの解説44頁）。

　エ　襖紙・障子紙、畳表の場合

　襖紙や障子紙、畳表といったものは、消耗品としての性格が強く、賃借人が毀損した場合、毀損の軽重にかかわらず価値の減少が大きいため、減価償却資産の考え方を取り入れることはなじまないことから、経過年数を顧慮せずに、張替え等の費用について、毀損を発生させた賃借人の負担とするのが妥当であるとされている（原状回復トラブルとガイドライン（再改訂）14頁・22頁・23頁、〔再改訂〕賃貸住宅原状回復ガイドライン19頁・28頁・29頁、Q&A賃貸住宅原状回復ガイドラインの解説45頁・65頁・69頁、東京都・賃貸住宅トラブル防止ガイドライン9頁）。

　オ　畳床・カーペット・クッションフロアの場合

　たとえば、畳床・カーペット・クッションフロアの場合、償却年数は6年で残存価値1円となるような直線等を描いて経過年数により、賃借人が毀損した場合の賃借人の原状回復費用負担額を決定するとされている（原状回復トラブルとガイドライン（再改訂）12頁・22頁、〔再改訂〕賃貸住宅原状回復ガイ

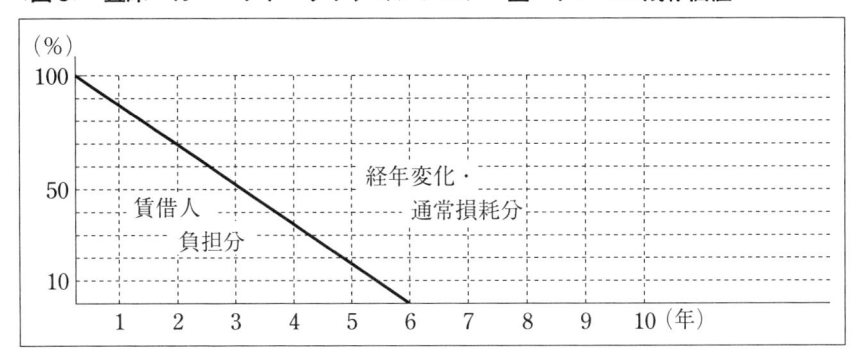

〈図3〉 畳床・カーペット・クッションフロア・壁・クロスの残存価値

（グラフ：縦軸（％）100、50、10、横軸 1〜10（年）。賃借人負担分と経年変化・通常損耗分に区分され、6年で残存価値が最小となる直線）

ドライン16頁・28頁、Q&A賃貸住宅原状回復ガイドラインの解説43頁・49頁・65頁・66頁）。

カ　フローリングの場合

　賃借人の責任によるフローリングの補修が必要な場合、フローリングは、建物本体と同様に、長期間の使用に耐えられる部分であって、部分補修が可能な場合の部分補修については、経過年数を考慮する必要はなく、部分補修費用について、毀損等を発生させた賃借人の負担とするのが妥当であると考えられている（原状回復トラブルとガイドライン（再改訂）14頁・22頁、〔再改訂〕賃貸住宅原状回復ガイドライン18頁・19頁・28頁、Q&A賃貸住宅原状回復ガイドラインの解説45頁・67頁、東京都・賃貸住宅トラブル防止ガイドライン9頁）。

　ただ、フローリング全体にわたっての毀損によりフローリング全体を張り替えた場合は、建物の耐用年数（第2部資料Ⅰ「減価償却資産の耐用年数等に関する省令」（212頁）参照）で残存価値1円となるような直線を想定して、賃借人の負担割合を算定する（原状回復トラブルとガイドライン（再改訂）14頁・22頁、〔再改訂〕賃貸住宅原状回復ガイドライン19頁・28頁）。

　この際の経過年数の考慮については、建物の耐用年数によることとされているが、建物の耐用年限の途中でフローリング床の全面張替えを行った場合

には、張替え時点での価値を100％として、当該建物の元々の耐用年数で、残存価値が1円となるような直線を想定し、賃借人の負担割合を算定することとされる（原状回復トラブルとガイドライン（再改訂）［2］解説［5］、〔再改訂〕賃貸住宅原状回復ガイドライン193頁）。

　キ　壁・クロスの場合

　壁・クロスの場合も、畳床・カーペット・クッションフロアの場合と同様に、6年で残存価値1円となるような直線等を想定して、賃借人が毀損した場合の賃借人の負担部分を算定するとされている（上記オ参照）（原状回復トラブルとガイドライン〔再改訂〕23頁、(再改訂) 賃貸住宅原状回復ガイドライン29頁）。

　ク　襖・柱等の建具の場合

　襖・障子等の建具部分、柱について賃借人が毀損した場合の賃借人の原状回復費用負担額決定においては、経過年数は考慮しないとされている（原状回復トラブルとガイドライン（再改訂）14頁・23頁、〔再改訂〕賃貸住宅原状回復ガイドライン19頁・29頁、東京都・賃貸住宅トラブル防止ガイドライン9頁）。

　そして、フローリングの場合（上記カ参照）と同様に、全体にわたっての毀損により、襖・障子等の建具部分および柱の全体を補修する必要があるような場合は、建物の耐用年数（第2部資料Ⅰ「減価償却資産の耐用年数等に関する省令」(212頁) 参照）で残存価値1円となるような直線を想定して、賃借人の負担割合を算定する（上記カ参照。原状回復トラブルとガイドライン（再改訂）14頁・23頁、〔再改訂〕賃貸住宅原状回復ガイドライン19頁・29頁）。

　ケ　設備機器の場合

　建物の設備機器について、賃借人の破損行為等により取り替える場合、あるいは台所のガスコンロ置場や換気扇等の油汚れやススの清掃や手入れを賃借人が怠り、当該機器の交換が必要な場合などは、耐用年数経過時点で残存価値1円となるような直線等を描いて、賃借人の負担額を決定するとされている（原状回復トラブルとガイドライン（再改訂）24頁、〔再改訂〕賃貸住宅原状

第2節　敷金返還請求と原状回復義務

回復ガイドライン30頁)。

　建物の耐用年数による場合、建物の耐用年限の途中で設備機器の取替え等を行った場合には、フローリングの場合（上記カ参照）と同様に、取替え等

〈表1〉　主な設備の耐用年数

設　　　　　備	耐　用　年　数
流し台	5年
冷房用、暖房用機器（エアコン、ルームクーラー、ストーブ等） 電気冷蔵庫、ガス機器（ガスレンジ） インターホン	6年
主として金属製以外の家具（書棚、たんす、戸棚、茶だんす）	8年
便器、洗面台等の給排水・衛生設備 主として金属製の器機・備品	15年
ユニットバス、浴槽、下駄箱（建物に固着して一体不可分なもの）	当該建物の耐用年数（第2部資料Ⅰ「減価償却資産の耐用年数等に関する省令」（212頁）参照）

〈図4〉　設備機器の残存価値

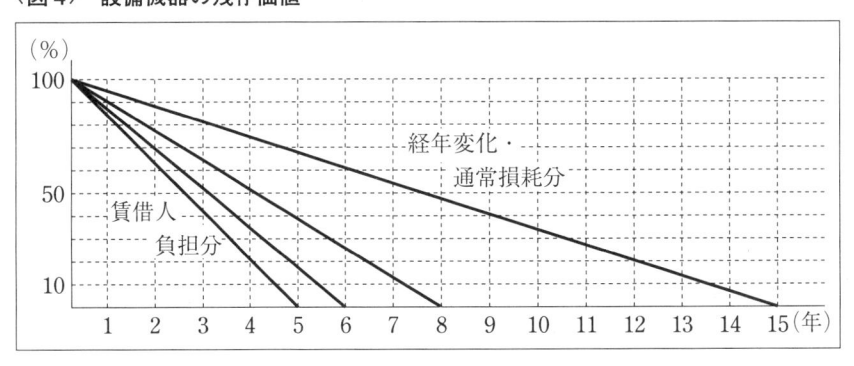

91

第1章　建物賃貸借契約

の時点での価値を100％として、当該建物の元々の耐用年数で、残存価値が1円となるような直線を想定し、賃借人の負担割合を算定することになると考えられる（原状回復トラブルとガイドライン（再改訂）[2]解説[5]、〔再改訂〕賃貸住宅原状回復ガイドライン193頁）。

　　コ　鍵紛失によるシリンダーの交換の場合

　賃借人の鍵紛失によるシリンダーの交換の場合、経過年数は考慮せず、交換費用相当分を全額賃借人の負担とするとされている（原状回復トラブルとガイドライン（再改訂）24頁、〔再改訂〕賃貸住宅原状回復ガイドライン30頁、東京都・賃貸住宅トラブル防止ガイドライン9頁）。

　(4)　賃借人が負担すべき原状回復の対象範囲

　　ア　賃借人負担の単位

　原状回復は、毀損部分の復旧であり、可能な限り毀損部分に限定して、毀損部分の補修工事が必要な最低限度を施工単位とすることを基本とするとされている（原状回復トラブルとガイドライン（再改訂）14頁、〔再改訂〕賃貸住宅原状回復ガイドライン20頁、Q&A賃貸住宅原状回復ガイドラインの解説46頁・64頁、東京都・賃貸住宅トラブル防止ガイドライン8頁）。

　　イ　襖紙・障子紙、畳表の場合

　襖紙・障子紙、畳表は、基本的には、賃借人による毀損部分の補修で賃借人の原状回復義務を考え、原則1枚単位で賃借人の負担単位を考えるとされている（原状回復トラブルとガイドライン（再改訂）22頁・23頁・40頁、〔再改訂〕賃貸住宅原状回復ガイドライン28頁・29頁・52頁、東京都・賃貸住宅トラブル防止ガイドライン9頁）。畳表の裏返しか表替えかは、毀損の程度によるとされている（原状回復トラブルとガイドライン（再改訂）22頁・40頁Q8、〔再改訂〕賃貸住宅原状回復ガイドライン28頁・51頁Q8、Q&A賃貸住宅原状回復ガイドラインの解説64頁・65頁、東京都・賃貸住宅トラブル防止ガイドライン9頁）。

ウ　カーペット・クッションフロアの場合

カーペット・クッションフロアの場合は、基本的には、1部屋単位で賃借人の原状回復義務を考え、洗浄等で落ちない汚れ・キズの場合、毀損等が複数箇所にわたる場合等は、当該居室全体を補修の単位とするとされている（原状回復トラブルとガイドライン（再改訂）22頁、〔再改訂〕賃貸住宅原状回復ガイドライン28頁、東京都・賃貸住宅トラブル防止ガイドライン9頁）。

エ　フローリングの場合

フローリングの場合は、基本的には、毀損部分の㎡単位の補修で賃借人の原状回復義務および賃借人の負担単位を考えるとされている（原状回復トラブルとガイドライン（再改訂）22頁、〔再改訂〕賃貸住宅原状回復ガイドライン28頁、Q&A賃貸住宅原状回復ガイドラインの解説64頁・67頁、東京都・賃貸住宅トラブル防止ガイドライン9頁）。

オ　壁・天井のクロスの場合

壁・天井のクロスについては、賃借人は、損傷部分のみの原状回復をすれば足り、クロスの張替えは原則毀損部分の㎡単位の補修で賃借人の負担単位を考え、色褪せた他の古い部分と色が異なってしまうような場合などは、場合によっては、損傷部分のある一面分の張替えをすることを考えるとされている（島田・建物賃貸借契約終了時における賃借人の原状回復義務（判タ1217号）64頁、原状回復トラブルとガイドライン（再改訂）15頁・23頁・40頁Q7、〔再改訂〕賃貸住宅原状回復ガイドライン20頁・29頁・51頁Q7、Q&A賃貸住宅原状回復ガイドラインの解説46頁・64頁・68頁、東京都・賃貸住宅トラブル防止ガイドライン8頁・9頁）。そして、色あわせのために部屋全部の張替えを行う場合、毀損していない面の張替えは、賃貸人の負担となると考えられる（原状回復トラブルとガイドライン（再改訂）14頁・15頁、〔再改訂〕賃貸住宅原状回復ガイドライン20頁、東京都・賃貸住宅トラブル防止ガイドライン8頁）。

カ　襖・柱等の建具の場合

襖・柱等の建具の場合は、基本的には、毀損部分の補修で賃借人の原状回

第1章　建物賃貸借契約

復義務を考え、原則1枚または1本単位で賃借人の負担単位を考えるとされている（原状回復トラブルとガイドライン（再改訂）23頁、〔再改訂〕賃貸住宅原状回復ガイドライン29頁、Q&A賃貸住宅原状回復ガイドラインの解説46頁・69頁、東京都・賃貸住宅トラブル防止ガイドライン9頁）。

　　キ　鍵の場合

　賃借人が鍵を紛失した場合は、シリンダーの交換まで、賃借人の負担とすることになるとされている（原状回復トラブルとガイドライン（再改訂）23頁、〔再改訂〕賃貸住宅原状回復ガイドライン30頁、東京都・賃貸住宅トラブル防止ガイドライン9頁）。

　(5)　具体的な賃借人の負担部分の判断

　　ア　床・畳・カーペット等

　　　(ｱ)　畳の裏返し・表替え

　損耗が経年変化や通常使用によるものだけで、特に破損等していないが、次の入居者確保のために行う畳の裏返し・表替えは、次の入居者を確保するための化粧直し・グレードアップの要素があり、入居者入れ替わりによる物件の維持管理上の問題であり（上記(2)（84頁）のA（+G））、賃貸人の負担とすることが妥当と考えられる（原状回復トラブルとガイドライン（再改訂）17頁、〔再改訂〕賃貸住宅原状回復ガイドライン23頁、Q&A賃貸住宅原状回復ガイドラインの解説47頁・73頁、東京都・賃貸住宅トラブル防止ガイドライン14頁）。

　　　(ｲ)　家具の設置による床・カーペットのへこみ・設置跡

　家具の設置による床・カーペットのへこみ・設置跡は、家具保有者が多いわが国の実情に鑑み、その設置は必然的なものであり、設置したことだけによるへこみ・跡は通常の使用による損耗ととらえるのが妥当であり（上記(2)（84頁）のA）、賃貸人の負担とすることが妥当と考えられる（原状回復トラブルとガイドライン（再改訂）17頁、〔再改訂〕賃貸住宅原状回復ガイドライン23頁、Q&A賃貸住宅原状回復ガイドラインの解説48頁・49頁、東京都・賃貸住宅トラブル防止ガイドライン6頁・15頁）。

第 2 節　敷金返還請求と原状回復義務

(ウ)　畳の変色、フローリングの色落ち

日照、建物構造欠陥による雨漏り等で発生した畳の変色、フローリングの色落ちについて、日照は通常の生活では避けられないものであり（上記(2)(84頁)のA）、構造上の欠陥は賃借人は責任がないことであるため、賃貸人の負担とすることが妥当と考えられる（原状回復トラブルとガイドライン（再改訂）17頁、〔再改訂〕賃貸住宅原状回復ガイドライン23頁、Q&A賃貸住宅原状回復ガイドラインの解説47頁・48頁・75頁、東京都・賃貸住宅トラブル防止ガイドライン6頁・15頁）。

ただ、賃借人の不注意で雨が吹き込んだことなどによるフローリング等の色落ちについては、賃借人の善管注意義務（善良な管理者の注意義務（民法400条））違反に該当する場合が多く（上記(2)(84頁)のB）、その場合の原状回復費用は賃借人の負担となると考えられる（原状回復トラブルとガイドライン（再改訂）17頁、〔再改訂〕賃貸住宅原状回復ガイドライン23頁、Q&A賃貸住宅原状回復ガイドラインの解説47頁・48頁、東京都・賃貸住宅トラブル防止ガイドライン13頁）。

(エ)　カーペットに飲み物等をこぼしたことによるシミ・カビ

カーペットに飲み物等をこぼすこと自体は通常の生活の範囲と考えられるが、その後の手入れ不足等で生じたシミ・カビは、賃借人の管理が悪く発生・拡大した損害と考えられ（上記(2)(84頁)のA（＋B））、カーペットに飲み物等をこぼしたことによるシミ・カビの除去については、賃借人の負担で実施するのが妥当と考えられる（原状回復トラブルとガイドライン（再改訂）17頁、〔再改訂〕賃貸住宅原状回復ガイドライン23頁、Q&A賃貸住宅原状回復ガイドラインの解説49頁）。

(オ)　冷蔵庫下のサビ跡

冷蔵庫に発生したサビが床に付着しても、拭き掃除で除去できる程度であれば通常の生活の範囲と考えられる（上記(2)(84頁)のA）が、そのサビを放置し、床に汚損等の損害を与えることは、賃借人の善管注意義務（善良な

管理者の注意義務（民法400条））違反に該当する場合が多いと考えられ（上記(2)（84頁）のＡ（＋Ｂ））、その場合は、床の汚損等の原状回復費用は賃借人の負担となると考えられる（原状回復トラブルとガイドライン（再改訂）17頁、〔再改訂〕賃貸住宅原状回復ガイドライン23頁、Q&A賃貸住宅原状回復ガイドラインの解説48頁・49頁・51頁）。

イ　壁・天井（クロス）

(ｱ)　タバコのヤニ

喫煙等によりクロス等がヤニで変色したり臭いが付着している場合は、通常の使用による汚損を超えるもの（上記(2)（84頁）のＢ）と判断される場合が多いと考えられる（神戸地尼崎支判平21.1.21判時2055号76頁）。また、賃貸物件での喫煙等が禁じられている場合は、用法違反に当たるものと考えられる（原状回復トラブルとガイドライン（再改訂）18頁、〔再改訂〕賃貸住宅原状回復ガイドライン24頁）。これらの場合の壁や天井のクロスの原状回復費用は賃借人の負担となると考えられる。

(ｲ)　飼育ペットによるクロス等のキズ・臭い

共同住宅におけるペットの飼育は、いまだ一般的ではなく、ペットの躾や尿の後始末などの問題であることから、ペットによりクロス等にキズが付いたり臭いが付着している場合は、通常の使用による損耗を超えると判断され（上記(2)（84頁）のＢ）、飼育ペットによるクロス等のキズ・臭いの原状回復費用は、賃借人の負担と判断されることが多いと考えられる。賃貸物件でのペットの飼育が禁じられている場合は、用法違反に当たるものと考えられる（原状回復トラブルとガイドライン（再改訂）20頁、〔再改訂〕賃貸住宅原状回復ガイドライン26頁）。

ただ、「ペット可」とする賃貸物件の場合、ペットを飼育することによって通常発生するようなキズや臭いについては、原状回復費用は賃借人負担とならない可能性もある（Q&A賃貸住宅原状回復ガイドラインの解説59頁）。

㈦　テレビ・冷蔵庫等の後部壁面の黒ずみ（電気やけ）

　テレビ・冷蔵庫は、通常一般的な生活をしていくうえでの必需品であり、その使用による後部壁面の電気やけは、通常の使用によるものととらえるのが妥当であると考えられ（上記(2)（84頁）のA）、その場合のクロスの原状回復費用は賃貸人の負担となると考えられる（原状回復トラブルとガイドライン（再改訂）18頁、〔再改訂〕賃貸住宅原状回復ガイドライン24頁、東京都・賃貸住宅トラブル防止ガイドライン13頁・15頁）。

　㈢　クロスの変色

　日照などの自然現象によるクロスの変色は、畳等の変色と同様に（上記ア㈦（95頁）参照）、通常の生活では避けられないものであり、通常の生活による損耗の範囲であると考えられ（上記(2)（84頁）のA）、その場合のクロスの原状回復費用は賃貸人の負担となると考えられる（原状回復トラブルとガイドライン（再改訂）19頁、〔再改訂〕賃貸住宅原状回復ガイドライン25頁、東京都・賃貸住宅トラブル防止ガイドライン14頁）。

　壁にポスターや絵画を貼ることによって生じるクロス等の変色は、主に日照などの自然現象によるもので、通常の生活による損耗の範囲であると考えられ（上記(2)（84頁）のA）、その場合の壁のクロスの原状回復費用は賃貸人の負担となると考えられる（原状回復トラブルとガイドライン（再改訂）19頁、〔再改訂〕賃貸住宅原状回復ガイドライン25頁、Q&A賃貸住宅原状回復ガイドラインの解説51頁・53頁、東京都・賃貸住宅トラブル防止ガイドライン15頁）。

　㈣　壁等の画鋲・釘等の穴

　ポスターやカレンダー等の掲示は、通常の生活において行われる範疇のものであり、そのために使用した画鋲・ピン等の穴は、下地ボードの張替えが不要な程度であれば、通常の損耗と考えられ（上記(2)（84頁）のA）、その場合の壁のクロスの原状回復費用は賃貸人の負担となると考えられる（原状回復トラブルとガイドライン（再改訂）19頁、〔再改訂〕賃貸住宅原状回復ガイドライン25頁、Q&A賃貸住宅原状回復ガイドラインの解説51頁・53頁、東京都・賃貸

住宅トラブル防止ガイドライン14頁)。

　これに対し、重量物の掲示等のための釘やネジの穴は、画鋲等によるものに比べ深く、範囲も広くなり、下地ボードの張替えが必要な程度のものは、通常の使用による損耗を超えると判断されることが多いと考えられ（上記(2)(84頁) の B)、その場合の当該壁のクロスの原状回復費用は賃借人の負担となると考えられる（原状回復トラブルとガイドライン（再改訂）18頁、〔再改訂〕賃貸住宅原状回復ガイドライン24頁、Q&A賃貸住宅原状回復ガイドラインの解説50頁・53頁、東京都・賃貸住宅トラブル防止ガイドライン14頁)。

　地震等に対する家具転倒防止の措置については、あらかじめ、賃貸人の承諾、または、くぎやネジを使用しない方法等の検討が考えられる（原状回復トラブルとガイドライン（再改訂）18頁、〔再改訂〕賃貸住宅原状回復ガイドライン24頁)。

　㈹　賃借人所有のエアコン設置による壁のビス穴・跡

　エアコンについては、テレビ等と同様に、一般的な生活をしていくうえで必需品となってきており、その設置によって生じたビス穴等は、通常の損耗と考えられ（上記(2)(84頁) の A)、その場合の当該壁の原状回復費用は賃貸人の負担となると考えられる（原状回復トラブルとガイドライン（再改訂）19頁、〔再改訂〕賃貸住宅原状回復ガイドライン25頁、Q&A賃貸住宅原状回復ガイドラインの解説51頁・54頁、東京都・賃貸住宅トラブル防止ガイドライン13頁)。

　㈺　台所の油汚れ

　台所の使用後の手入れが悪く、ススや油が付着している場合は、通常の使用による損耗を超えるものと判断されることが多いと考えられ（上記(2)(84頁) の A（＋B))、その場合の当該台所部分の原状回復費用は賃借人の負担となると考えられる（原状回復トラブルとガイドライン（再改訂）18頁、〔再改訂〕賃貸住宅原状回復ガイドライン24頁、東京都・賃貸住宅トラブル防止ガイドライン13頁)。

(ク)　結露を放置したことにより拡大したカビ・シミ

　結露は建物の構造上の問題であることが多いが、賃借人が結露が発生しているにもかかわらず、賃貸人に通知もせず、かつ、拭き取るなどの手入れも怠り、壁等を腐食させた場合、通常の使用による損耗を超えると判断されることが多いと考えられ（上記(2)（84頁）のＡ（＋Ｂ））、その場合の当該壁等の腐食部分の原状回復費用は賃借人の負担となると考えられる（原状回復トラブルとガイドライン（再改訂）18頁、〔再改訂〕賃貸住宅原状回復ガイドライン24頁、東京都・賃貸住宅トラブル防止ガイドライン6頁・14頁）。

(ケ)　クーラーからの水漏れを賃借人が放置したことによる壁の腐食

　賃貸人所有のクーラーの保守は保有者である賃貸人が実施すべきものであるが、賃借人が賃貸人への通知をせずに水漏れを放置したり、その後の手入れを怠った場合は、通常の使用による損耗を超えると判断され（上記(2)（84頁）のＡ（＋Ｂ））、その場合の当該壁等の腐食部分の原状回復費用は賃借人の負担となると考えられる（原状回復トラブルとガイドライン（再改訂）19頁、〔再改訂〕賃貸住宅原状回復ガイドライン25頁、Q&A賃貸住宅原状回復ガイドラインの解説50頁・54頁、東京都・賃貸住宅トラブル防止ガイドライン15頁）。

　これに対し、賃借人所有のクーラーの保守は所有者である賃借人が実施すべきであり、それを怠った結果、壁等を腐食させた場合には、賃借人の善管注意義務（善良な管理者の注意義務（民法400条））違反と判断されることが多いと思われ（上記(2)（84頁）のＢ）、その場合の当該壁等の腐食部分の原状回復費用は賃借人の負担となると考えられる（原状回復トラブルとガイドライン（再改訂）19頁、〔再改訂〕賃貸住宅原状回復ガイドライン25頁、Q&A賃貸住宅原状回復ガイドラインの解説50頁・54頁、東京都・賃貸住宅トラブル防止ガイドライン13頁）。

(コ)　天井に直接取り付けた照明器具の跡

　あらかじめ賃貸建物に設置された照明器具用コンセント等を使用せずに設置した照明器具の跡については、通常の使用による損耗を超えると判断され

ることが多いと考えられ（上記(2)（84頁）のB）、その場合の当該天井の照明器具の跡部分の原状回復費用は賃借人の負担となると考えられる（原状回復トラブルとガイドライン（再改訂）19頁、〔再改訂〕賃貸住宅原状回復ガイドライン25頁、Q&A賃貸住宅原状回復ガイドラインの解説50頁・55頁、東京都・賃貸住宅トラブル防止ガイドライン12頁）。

ウ　襖・柱等の建具

(ｱ)　破損等をしていない網戸の張替え

破損等はしていないが、次の入居者確保のための網戸等の張替えは、入居者入れ替わりによる物件の維持管理上の問題であり、次の入居者を確保するための化粧直し・グレードアップに該当し（上記(2)（84頁）のA（+G））、賃貸人の負担とすることが妥当である（原状回復トラブルとガイドライン（再改訂）20頁、〔再改訂〕賃貸住宅原状回復ガイドライン26頁、Q&A賃貸住宅原状回復ガイドラインの解説57頁・58頁、東京都・賃貸住宅トラブル防止ガイドライン15頁）。

(ｲ)　飼育ペットによる柱等のキズ・臭い

共同住宅におけるペットの飼育は、いまだ一般的ではなく、ペットの躾や尿の後始末などの問題でもあることから、ペットにより柱等にキズが付いたり臭いが付着している場合は、通常の使用による損耗を超えると判断され（上記(2)（84頁）のB）、飼育ペットによる柱等のキズ・臭いの原状回復費用は、賃借人の負担と判断される場合が多いと考えられる。賃貸物件でのペットの飼育が禁じられている場合は、用法違反に当たるものと考えられる（原状回復トラブルとガイドライン（再改訂）20頁、〔再改訂〕賃貸住宅原状回復ガイドライン26頁）。

ただ、「ペット可」とする賃貸物件の場合、ペットを飼育することによって通常発生するようなキズや臭いについては、原状回復費用は賃借人負担とならない可能性もある（Q&A賃貸住宅原状回復ガイドラインの解説59頁）。

エ　設備・その他

(ア)　賃貸建物全体のハウスクリーニング

賃借人が通常の清掃（ゴミの撤去、掃き掃除、拭き掃除、水回り・換気扇・レンジ周りの油汚れの除去等）を実施している場合、賃貸建物全体の専門業者によるハウスクリーニングは、次の入居者を確保するためのものであり、次の入居者を確保するための化粧直し・グレードアップに該当し（上記(2)（84頁）のＡ（＋Ｇ））、賃貸人の負担とすることが妥当である（原状回復トラブルとガイドライン（再改訂）21頁、〔再改訂〕賃貸住宅原状回復ガイドライン27頁、Ｑ＆Ａ賃貸住宅原状回復ガイドラインの解説61頁、東京都・賃貸住宅トラブル防止ガイドライン12頁）。

(イ)　エアコンの内部洗浄

エアコンの吹き出し口のフィルターなどの清掃は、賃借人が通常の清掃として実施すべきものと考えられるが、エアコンドラム等の内部洗浄までは、通常の生活においても必ず行うとまではいいきれず、賃借人の管理の範囲を超えているので、賃貸人負担とすることが妥当であると考えられる。ただ、喫煙等による臭い・ヤニ等が付着している場合は、通常の使用による汚損を超えるものとして、貸借人の負担となると考えられる（上記イ(ア)（96頁）参照。原状回復トラブルとガイドライン（再改訂）21頁・［２］解説［４］ⅴ、〔再改訂〕賃貸住宅原状回復ガイドライン27頁・191頁ⅴ）。

(ウ)　台所・トイレの消毒

台所・トイレの消毒は、日常の清掃と異なり、賃借人の管理を超えており、次の入居者を確保するための化粧直し・グレードアップに該当し（上記(2)（84頁）のＡ（＋Ｇ））、賃貸人の負担とすることが妥当である（原状回復トラブルとガイドライン（再改訂）21頁、〔再改訂〕賃貸住宅原状回復ガイドライン27頁、Ｑ＆Ａ賃貸住宅原状回復ガイドラインの解説60頁・61頁・63頁、東京都・賃貸住宅トラブル防止ガイドライン12頁・13頁）。

(エ)　鍵の取替え

　破損・鍵紛失のない場合の鍵の取替えについては、入居者の入れ替わりによる物件管理上の問題であり（上記(2)（84頁）のＡに該当）、賃貸人の負担とすることが妥当と考えられる（原状回復トラブルとガイドライン（再改訂）21頁、〔再改訂〕賃貸住宅原状回復ガイドライン27頁、Q&A賃貸住宅原状回復ガイドラインの解説60頁）。

　(オ)　ガスコンロ置場・換気扇等の油汚れ・スス

　単なるガスコンロ置場・換気扇等の油汚れ・ススは通常損耗の範囲内と考えられるが、賃借人の使用期間中に、その清掃・手入れを怠った結果汚損が生じ、当該汚損が付着している場合、賃借人の善管注意義務（善良な管理者の注意義務（民法400条））違反と判断されることが多いと思われ（上記(2)（84頁）のＡ（＋Ｂ））、その場合の当該ガスコンロ置場・換気扇等の油汚れ・スス部分の原状回復費用は賃借人の負担となると考えられる（原状回復トラブルとガイドライン（再改訂）21頁、〔再改訂〕賃貸住宅原状回復ガイドライン27頁、Q&A賃貸住宅原状回復ガイドラインの解説50頁・56頁・60頁・61頁・63頁）。

　(カ)　風呂・トイレ・洗面台の水垢・カビ等

　賃借人の使用期間中に、その清掃・手入れを怠った結果汚損が生じた場合、賃借人の善管注意義務（善良な管理者の注意義務（民法400条））違反と判断されることが多いと考えられ（上記(2)（84頁）のＡ（＋Ｂ））、その場合の当該風呂・トイレ・洗面台の水垢・カビ等部分の原状回復費用は賃借人の負担となると考えられる（原状回復トラブルとガイドライン（再改訂）21頁、〔再改訂〕賃貸住宅原状回復ガイドライン27頁、Q&A賃貸住宅原状回復ガイドラインの解説60頁・62頁）。

　(キ)　戸建賃貸住宅の庭に生い茂った雑草

　庭付き戸建住宅における草取りが行われず、庭に雑草が生い茂った状態になった場合、一般的な庭の管理として行われるべき草取りが適切に行われなかったとして、賃借人の善管注意義務違反と判断される場合が多いと考えら

れ、雑草の除去等の原状回復費用が賃借人の負担となると考えられる（東京簡判平21．5．8（平21（少コ）81、平21(ハ)9885）最高裁 HP。原状回復トラブルとガイドライン（再改訂）21頁・［２］解説［４］vi、〔再改訂〕賃貸住宅原状回復ガイドライン27頁・191頁vi）。

〔表2〕 損耗・毀損等についての貸主・借主の負担一覧表

項　目	損耗・毀損等の内容	負担者	理由（第1章第2節第2・2の本文の説明）
畳	特に破損等していないが、次の入居者確保のために行う畳の裏返し、表替え	賃貸人（貸主）	物件の維持管理の問題（(5)ア(ア)（94頁））
	日照、建物構造欠陥による雨漏り等で発生した畳の変色	賃貸人（貸主）	建物構造欠陥（(5)ア(ウ)（95頁））
	賃借人の不注意で雨が吹き込んだことなどによる畳の色落ち	賃借人（借主）	賃借人の善管注意義務違反（(5)ア(ウ)（95頁））
	冷蔵庫下のサビを放置し拭き掃除で除去できなくなったサビ跡	賃借人（借主）	賃借人の善管注意義務違反（(5)ア(オ)（95頁））
フローリング	日照、建物構造欠陥による雨漏り等で発生したフローリングの変色	賃貸人（貸主）	建物構造欠陥（(5)ア(ウ)（95頁））
	賃借人の不注意で雨が吹き込んだことなどによるフローリングの色落ち	賃借人（借主）	賃借人の善管注意義務違反（(5)ア(ウ)（95頁））
	冷蔵庫下のサビを放置し拭き掃除で除去できなくなったサビ跡	賃借人（借主）	賃借人の善管注意義務違反（(5)ア(オ)（95頁））
床・カーペット等	家具の設置による床・カーペット等のへこみ、設置跡	賃貸人（貸主）	通常の使用による損耗（(5)ア(イ)（94頁））
	カーペットに飲み物等をこぼしたことによるシミ・カビ	賃借人（借主）	賃借人の手入れ不足（(5)ア(エ)（95頁））
	冷蔵庫下のサビを放置し拭き掃除で除去できなくなったサビ跡	賃借人（借主）	賃借人の善管注意義務違反（(5)ア(オ)（95頁））
壁・天井	タバコのヤニによる変色・臭いの付着	賃借人（借主）	通常の使用による汚損を超える（(5)イ(ア)（96頁））
	飼育ペットによるクロス等のキズ・臭い	賃貸人（借主）	通常の損耗を超える（(5)イ(イ)（96頁））
	テレビ・冷蔵庫の後部壁面の電気やけ（黒ずみ）	賃貸人（貸主）	通常の損耗（(5)イ(ウ)（97頁））

第 2 節　敷金返還請求と原状回復義務

	日照などの自然現象によるクロスの変色	賃貸人（貸主）	通常の損耗（(5)イ(エ)（97頁））
	壁にポスターや絵画を貼ることによって生じたクロスの変色	賃貸人（貸主）	通常の損耗（(5)イ(エ)（97頁））
	ポスターや絵画の掲示による壁等の画鋲・ピン等の穴	賃貸人（貸主）	通常の損耗（(5)イ(オ)（97頁））
	ポスターや絵画の掲示による壁等の下地ボードの張替えが不要な程度の釘・ネジ等の穴	賃貸人（貸主）	通常の損耗（(5)イ(オ)（97頁））
	ポスターや絵画の掲示による壁等の下地ボードの張替えが必要な程度の釘・ネジ等の穴	賃借人（借主）	通常の損耗を超える（(5)イ(オ)（97頁））
	賃借人所有のエアコン設置による壁のビス穴・跡	賃貸人（貸主）	通常の損耗（(5)イ(カ)（98頁））
	賃借人の手入れ不足による台所のススや油の付着	賃借人（借主）	通常の損耗を超える（(5)イ(キ)（98頁））
	結露の放置による拡大したカビ・シミ	賃借人（借主）	通常の損耗を超える（(5)イ(ク)（99頁））
	賃貸人所有のクーラーからの水漏れを放置したことによる壁の腐食	賃借人（借主）	賃借人の善管注意義務違反（(5)イ(ケ)（99頁））
	賃借人所有のクーラーからの水漏れを放置したことによる壁の腐食	賃借人（借主）	賃借人の善管理注意義務違反（(5)イ(ケ)（99頁））
	天井に直接取り付けた照明器具の跡	賃借人（借主）	通常の損耗を超える（(5)イ(コ)（99頁））
	色あわせ等のための部屋全部のクロスの張替えにおける破損をしていない面の張替え	賃貸人（貸主）	（(4)オ（93頁））
建具・柱	破損等していない網戸の張替え	賃貸人（貸主）	物件の維持管理の問題（(5)ウ(ア)（100頁））
	飼育ペットによる柱等のキズ・臭い	賃借人（借主）	通常の損耗を超える（(5)ウ(イ)（100頁））

105

第1章　建物賃貸借契約

設備・その他	賃貸建物全体のハウスクリーニング		賃貸人（貸主）	次の入居者確保のためのもの（(5)エ(ウ)（101頁））
	エアコンの内部洗浄	通常の場合	賃貸人（貸主）	賃借人の管理の範囲を超える（(5)エ(イ)（101頁））
		喫煙等による臭い・ヤニ等が付着している場合	賃借人（借主）	通常の使用を超える（(5)エ(イ)（101頁））
	台所・トイレの消毒		賃貸人（貸主）	次の入居者確保のためのもの（(5)エ(ウ)（101頁））
	破損・鍵紛失のない場合の鍵の取替え		賃貸人（貸主）	物件管理上の問題（(5)エ(エ)（102頁））
	鍵紛失による鍵の取替え（シリンダー交換を含む）		賃借人（借主）	((4)キ（94頁））
	賃借人の掃除・手入れ不足によるガスコンロ置場・換気扇等の油汚れ・ススの付着		賃借人（借主）	賃借人の善管注意義務違反（(5)エ(オ)（102頁））
	賃借人の掃除・手入れ不足による風呂・トイレ・洗面台の水垢・カビ等		賃借人（借主）	賃借人の善管注意義務違反（(5)エ(カ)（102頁））
	戸建賃貸住宅の庭に生い茂った雑草		賃借人（借主）	賃借人の善管注意義務違反（(5)エ(キ)（102頁））

3　賃借人による通常損耗の負担

(1)　賃借人による通常損耗の負担〜原状回復特約

　上記1（61頁）のとおり、賃貸借契約の構造からは、通常損耗は賃貸人が負担するのが原則であるが、契約自由の原則（本章第1節第1・1（4頁）参照）から、例外的に、これと異なる特約〔原状回復特約〕を設けることは可能である（加藤・賃借人の賃貸建物についての原状回復義務（市民と法43号）25頁）。

　ただ、賃料を支払っている賃借人が通常損耗等を負担するという原状回復特約は、実質的に賃借人に二重の負担を強いるものであり、当該原状回復特約が有効とされるためには、①特約の必要性があり、かつ、暴利的でないなど客観的、合理的理由が存在すること、②賃借人が特約によって通常の原状回復義務を超えた修繕等の義務を負うことについて認識をしていること、③賃借人が当該特約による義務負担の意思表示をしていることが必要であると解される（加藤・賃借人の賃貸建物についての原状回復義務（市民と法43号）27頁、岡口・要件事実マニュアル2巻〔3版〕322頁、消費者関係法執務資料〔改訂〕253頁(1)、原状回復トラブルとガイドライン（再改訂）38頁Q3、〔再改訂〕賃貸住宅原状回復ガイドライン48頁Q3）[*3][*4]。

＊3①　最判平17.12.16判時1921号61頁・判タ1200号127頁
　　「建物の賃貸借においては、賃借人が社会通念上通常の使用をした場合に生ずる賃貸物件の劣化又は価値の減少を意味する通常損耗に係る投下資本の減価の回収は、通常、減価償却や修繕費等の必要経費分を賃料の中に含ませてその支払を受けることにより行われている。そうすると、建物の賃借人にその賃貸借において生ずる通常損耗について原状回復義務を負わせるのは、賃借人に予期しない特別の負担を課すことになるから、賃借人の同義務が認められるためには、少なくとも、賃借人が補修費用を負担することになる通常損耗の範囲が賃貸借契約書の条項自体に具体的に明記されているか、仮に賃貸借契約書では明らかでない場合には、賃貸人が口頭により説明し、賃借人がその旨を明確に認識し、それを合意の内容としたものと認められるなど、その旨の特約（以下「通常損耗補修特約」という。）が明確に合意されていることが必要であると解するのが相当である」。
　　この判例では、賃借人が住宅を明け渡すときは、住宅内外に存する賃借人または同居者の所有するすべての物件を撤去してこれを原状に復するものとし、負担区分表（「襖紙・障

第1章　建物賃貸借契約

(2) 営業用物件の場合

　オフィスビル等の営業用物件については、原状回復費用の額は賃借人の使用方法によっても異なり、損耗の状況によっては相当高額になることがあり、このような原状回復費用は賃借人の負担とすることが相当であるなどとして、賃借人による通常損耗補修特約の有効性を認めた裁判例がある（東京高判平12.12.27判タ1095号176頁）。ただ、この裁判例は、＊3①の最高裁平成17年12月16日判決以前のものであることを注意する必要がある（消費者関係法執務資料〔改訂〕263頁・264頁）。

　この裁判例では、国土交通省住宅局から賃貸借契約の雛形として示されている「賃貸住宅標準契約書」（原状回復トラブルとガイドライン（再改訂）128頁（資料5）、〔再改訂〕賃貸住宅原状回復ガイドライン151頁（資料5）、本書【書式1】（6頁）参照）では通常の使用に伴い生じた損耗については、賃借人は原状回復義務を負わないことが定められているが、この通達は居住を目

　子紙」の項目の要補修状況は「汚損（手垢の汚れ、タバコの煤けなど生活することによる変色を含む）・汚れ」等と説明されている）に基づき、補修費用を賃貸人の指示により負担しなければならないとする契約条項について、同条項自体において通常損耗補修特約の内容が具体的に明記されているということはできないとし、負担区分表についても、要補修状況を記載した文言自体からは通常損耗を含む趣旨であることが一義的に明白であるとはいえず、当該契約書には、通常損耗修繕特約の成立が認められるために必要なその内容を具体的に明記した条項はないといわざるを得ないとした。また、賃貸借契約締結の前の入居説明会についても、賃貸借契約書、補修費用の負担基準等についての説明がされた書面を配布し、賃貸借契約の条項の重要なものについての説明がなされ、退去時の補修費用については書面に基づいて説明がなされたが、負担区分表の個々の項目についての説明はなされなかったのであるから、その説明会においても、通常損耗補修特約の内容を明らかにする説明はなかったといわざるを得ないとした。したがって、賃借人は、賃貸借契約を締結するにあたり、通常損耗保守特約を認識し、これを合意の内容としたものということはできないから、当該賃貸借契約において通常損耗保守特約の合意が成立しているということはできないとした。
　② 大阪高判平16.7.30判時1877号81頁（特定優良賃貸住宅の供給の促進に関する法律に基づく特定優良賃貸住宅の解約明渡しがされた場合の通常損耗分に関する修繕費用を負担とする特約は、公序良俗に反し無効であるとして敷金からその負担分を差し引くことは許されないとした事例）。
＊4　東京簡裁では、前掲＊3①の最高裁判決以降、原状回復特約の成立を認め、これによる原状回復費用を認めた裁判例はないようである（石堂和清「敷金返還訴訟における原状回復義務およびこれに関連する若干の問題点」市民と法56号80頁）。

的とする民間賃貸住宅一般を対象とするもので、当該賃借人が自然損耗の原状回復義務を負わない条項は居住者である賃借人の保護を目的としたものであり、市場性原理と経済合理性が支配するオフィスビルの賃貸借に妥当するものではないとした（消費者関係法務資料〔改訂〕264頁・265頁）。

 ただ、その後、営業用物件の賃貸借契約において、＊3①の最高裁平成17年12月16日判決を前提にして、賃借物件の損耗の発生は、賃貸借という契約の本質上当然に予定されているものであって、営業用物件であるからといって、通常損耗に係る投下資本の減価の回収を、減価償却費や修繕費等の必要経費分を賃料に含ませてその支払いを受けることが不可能であるということはできないとして、通常損耗の補修費用を賃借人が負担するとの合意があると認めることはできないとした裁判例が出された（大阪高判平18．5．23（平17（ネ）3567号）最高裁 HP）。

(3) 通常損耗賃借人負担と消費者契約法10条

 平成13年4月1日から施行された消費者契約法10条では、民法、商法その他の法律の公の秩序に関しない規定の適用による場合に比し、消費者の権利を制限し、または消費者の義務を加重する消費者契約の条項であって、民法1条2項に規定する信義誠実の基本原則に反して消費者の利益を一方的に害するものは、無効であるとしている。

 賃借人は、賃貸借終了により、賃借物を明け渡すときは、返還するときの現状で引き渡せば足りる（民法483条）ので、原状回復特約により通常損耗について賃借人に原状回復義務を課すと民法の任意規定の適用による場合に比し義務を加重することになる。そして、賃貸人は、家賃の支払いを受けることによって通常損耗による減価の回収を行っているのであるから、そのほかに、原状回復特約により通常損耗による減価を回収するとすれば、賃借人に二重の負担を課すことになる。そうすると、この原状回復特約は、場合によっては、民法1条2項の信義誠実の原則に違反するものとして、消費者契約法10条により無効となることもあると考えることもできる。

第1章　建物賃貸借契約

　これについては、消費者契約法が施行された平成13年4月1日の後である平成13年7月7日に合意更新された賃貸借契約には、消費者契約法が適用されるとしたうえで、通常損耗についての原状回復義務を賃借人の負担とする旨の原状回復特約は、賃借人がこの義務を履行しないときは賃借人の費用負担で賃貸人が原状回復できるとしているのであるから、民法の任意規定の適用による場合に比し、賃借人の義務を加重するものであるし、賃借人に必要な情報が与えられず、賃借人において自己に不利益であることを認識できないままになされたものであるから、信義則に反して賃借人の利益を一方的に害するものであって、消費者契約法10条（消費者の利益を一方的に害する条項の無効）に該当し、無効であるとする裁判例があった（京都地判平16.3.16（平15(ワ)162号）最高裁 HP）（加藤・賃借人の賃貸建物についての原状回復義務（市民と法43号）27頁、消費者関係法執務資料〔改訂〕270頁3）*5。

　これについては、賃借人に通常損耗等の補修費用を負担させる趣旨を含む敷引特約についての最高裁平成23年3月24日判決（最高裁 HP）の判断基準がここにも当てはまると考えられ、①通常損耗等補修費用を賃借人に負担させることおよびその具体的内容を契約書等で明記して、②具体的で明確な合意が成立しており、③賃借人が負担する補修費用の額が高額にすぎないといえなければ、最高裁平成17年12月16日判決（判時1921号61頁・判タ1200号127頁）との関係で、通常損耗等の補修費用を賃借人に負担させる趣旨を含む契約が成立していたとしても、通常損耗等の補修費用を賃借人に負担させることは、消費者契約法10条に該当して無効となる可能性がある（太田・賃貸住宅管理の法的課題66頁・67頁）。

---

* 5 ①　同旨裁判例──東京簡判平17.11.29（平17（少コ）2807号）最高裁 HP、大阪高判平16.12.17判時1894号19頁（京都地判平16.3.16（平15(ワ)162号）最高裁 HP の控訴審）、京都地判平16.6.11（平15(ワ)2138号）兵庫県弁護士会 HP。
　② 　京都地判平20.4.30判タ1281号316頁（マンション賃貸借における賃借人の定額補修分担金特約が消費者契約法10条に該当し無効であるとして、同特約に基づいて支払われた金員の返還請求が認容された事例）。

(4) クリーニング費用の賃借人負担

　建物の賃貸借において、〔専門業者の〕クリーニング費用を賃借人の負担とするクリーニング特約がある場合は多いようである。このクリーニング特約は、賃借人に通常損耗分について負担させる特約であると思われる。そうすると、このクリーニング特約については、賃借人による通常損耗負担についての最高裁平成17年12月16日判決（判時1921号61頁・判タ1200号127頁）および賃借人に通常損耗等の補修費用を負担させる趣旨を含む敷引特約についての最高裁平成23年3月24日判決（最高裁HP）との関係を検討する必要がある。

ア　最高裁平成17年12月16日判決との関係

　まず、最高裁平成17年12月16日判決（判時1921号61頁・判タ1200号127頁）との関係でいえば、クリーニング特約は賃借人に原状回復義務のない通常損耗分について負担させるものであることおよびその具体的範囲を契約書等に明記して説明する必要があると思われ、単に「ハウスクリーニング費用は賃借人の負担とする」旨の特約が規定されているだけでは、賃借人との間のクリーニング特約が有効に成立していないことになる可能性が高いと思われる（太田・賃貸住宅管理の法的課題66頁・67頁、原状回復トラブルとガイドライン（再改訂）45頁Q16、〔再改訂〕賃貸住宅原状回復ガイドライン57頁Q16）。

イ　クリーニング費用の賃借人負担と消費者契約法10条（最高裁平成23年3月24日判決との関係）

　クリーニング費用の賃借人負担については、最高裁平成23年3月24日判決（最高裁HP）の判断基準がここにも当てはまると考えられ、クリーニング費用額を明示していないクリーニング特約のように、あらかじめ賃借人の負担額を定めないような原状回復特約については、①クリーニング特約は通常損耗等補修費用を賃借人に負担させるものであることおよびその具体的内容を契約書等で明記して、②具体的で明確な合意が成立しており、③賃借人が負担するクリーニング費用が高額にすぎないといえなければ、最高裁平成17年

111

12月16日判決（判時1921号61頁・判タ1200号127頁）との関係で、通常損耗等の補修費用を賃借人に負担させる趣旨を含むクリーニング特約が成立していたとしても、クリーニング特約は、消費者契約法10条に該当して無効となる可能性がある（太田・賃貸住宅管理の法的課題66頁・67頁・442頁～444頁）。そして、「専門業者によるハウスクリーニング費用（○万円）を賃借人の負担とする」旨のクリーニング特約は、一義的かつ具体的に記載されているものとして、上記③の高額すぎるなどの特段の事情がない限り、消費者契約法10条により無効とはならないとされる可能性があると思われる（太田・賃貸住宅管理の法的課題442頁～444頁）。

4　修繕特約

(1)　修繕特約とは

　修繕特約とは、民法606条の賃貸人の修繕義務について、賃借人に負担させる特約をいう（加藤・賃借人の賃貸建物についての原状回復義務（市民と法43号）24頁・25頁）。

(2)　修繕特約と賃借人の修繕義務

　賃貸建物の修繕を賃借人の負担とする条項があった場合、それは、通常は、賃貸人の民法606条の修繕義務を負わないとの趣旨であり、そこから当然に賃借人が修繕義務が生ずるとは解されない（最判昭43．1．25集民90号121頁・判時513号33頁（居住用建物の賃貸借において、修繕の賃借人負担条項による賃借人の修繕義務を否定）、最判昭29．6．25民集8巻6号1224頁（映画館用建物設備の賃貸借において、営業上必要な修繕を賃借人が行う旨の条項は賃借人に修繕義務を負担させた趣旨と解されないことはないとした））。（加藤・賃借人の賃貸建物についての原状回復義務（市民と法43号）25頁、原状回復トラブルとガイドライン（再改訂）6頁・7頁・50頁、〔再改訂〕賃貸住宅原状回復ガイドライン8頁・9頁・62頁）。

第2章 敷金等返還紛争解決のための手続

第1節 紛争処理機関等の利用

第1 行政機関への相談

　賃貸住宅の原状回復は賃貸住宅の管理に関する問題であるが、それに関する直接的な取締規定はない。したがって、賃貸住宅の契約関係のような民事紛争においては、行政機関が当事者間の利害を勘案して、一定の判断を下してそれに従わせることはできない。しかし、行政機関においては、トラブル防止に向けた啓発、紛争解決への助言・あっせん、紛争解決制度等の情報提供は行っており、下記行政機関への相談も、トラブル解決に向けての方策の一つにはなると思われる（原状回復トラブルとガイドライン（再改訂）34頁、〔再改訂〕賃貸住宅原状回復ガイドライン44頁）。

[資料３] **賃貸住宅に係る相談・情報提供窓口一覧**（平成23年12月末現在）

１．国土交通省および関係団体等の相談窓口

	名　　称	郵便番号	住　　所	電話番号	窓口の内容	備　考
国　等	国土交通省住宅局住宅総合整備課	100-8918	千代田区霞が関2-1-3	03-5253-8111		
	国民生活センター	108-8602	港区高輪3-13-22	03-3446-0999		
関係団体等	㈶不動産適正取引推進機構	105-0001	港区虎ノ門3-8-21 第33森ビル3階	03-3435-8111		
	㈳全国賃貸住宅経営協会	104-0028	中央区八重洲2-1-5 東京駅前ビル5階	03-3510-0088		
	㈳全国宅地建物取引業協会連合会	101-0032	千代田区岩本町2-6-3 全宅連会館	03-5821-8111		
	㈳全日本不動産協会	102-0094	千代田区紀尾井町3-30 全日会館3階	03-3263-7030		
	㈳不動産協会	100-6007	千代田区霞が関3-2-5 霞が関ビル7階	03-3581-9421		
	㈳不動産流通経営協会	105-0001	港区虎ノ門3-25-2 ブリヂストン虎ノ門ビル5階	03-5733-2271		
	定期借家推進協議会事務局	101-0032	千代田区岩本町2-6-3 全宅連会館	03-5821-8117		
	㈶日本賃貸住宅	102-0083	千代田区麹町5-	03-5276-3444		

第1節 紛争処理機関等の利用

管理協会			3-3 麹町KSスクエア1階			
全国借地借家人組合連合会	160-0022	新宿区新宿1-5-5	03-3352-0448			

2．地方公共団体における相談窓口
（都道府県）

公共団体名	相談窓口の名称	郵便番号	住　　所	電話番号	窓口の内容	備　考
北海道	建設部住宅局建築指導課	060-8588	札幌市中央区北3条西6	011-231-4111	相談情報	
	北海道立消費生活センター	060-0003	札幌市中央区北3条西7	050-7505-0999	相談情報	
青森県	県土整備部建築住宅課	030-8570	青森市長島1-1-1	017-734-9695	相談情報	
岩手県	県土整備部建築住宅課	020-8570	盛岡市内丸10-1 岩手県庁8階	019-629-5933	相談情報	
	けんみん住宅プラザ	020-0045	盛岡市盛岡駅西通1-7-1 岩手県民情報交流センターアイーナ2階	019-652-7744	相談情報	
	けんみん住宅プラザ・みずさわ	023-0801	水沢市横町2-1 ショッピングシティメイプル4階	0197-22-3835	相談情報	
	盛岡地方振興局土木部建築住宅室	020-0023	盛岡市内丸11-1 盛岡地方振興局5階	019-629-6650	相談情報	
	県南広域振興局花巻総合支局土木部建築指導課	025-0075	花巻市花城1-41	0198-22-4971	相談情報	

115

県南広域振興局花巻総合支局遠野行政センター土木センター建築指導課	028-0525	遠野市六日町1-22	0198-62-9930	相談情報	
県南広域振興局北上総合支局土木部建築指導課	024-8520	北上市芳町2-8	0197-65-2731	相談情報	
県南広域振興局土木部建築指導課	023-0053	奥州市水沢区大手町1-2	0197-22-2811	相談情報	
県南広域振興局一関総合支局土木部建築指導課	021-8503	一関市竹山町7-5	0191-26-1411	相談情報	
県南広域振興局一関総合支局千厩行政センター土木センター建築指導課	029-0803	一関市千厩町千厩字北方85-2	0191-52-4901	相談情報	
大船渡地方振興局土木部建築指導課	022-8502	大船渡市猪川町字前田6-1	0192-27-9911	相談情報	
釜石地方振興局土木部建築指導課	026-0043	釜石市新町6-50	0193-25-2717	相談情報	
宮古地方振興局土木部建築指導課	027-0072	宮古市五月町1-20	0193-64-2211	相談情報	
宮古地方振興局	027-0501	岩泉町岩泉字松	0194-22-3116	相談	

第1節　紛争処理機関等の利用

	岩泉土木事務所建築指導課		橋24-3		情報	
	久慈地方振興局土木部建築指導課	028-0064	久慈市八日町1-1	0194-53-4981	相談情報	
	二戸地方振興局土木部建築指導課	028-6103	二戸市石切所字荷渡6-3	0195-23-9209	相談情報	
宮城県	土木部建築宅地課調整班	980-8570	仙台市青葉区本町3-8-1	022-211-3242	相談情報宅建業法関連	
	消費生活センター	980-0012	仙台市青葉区錦町1-1-20	022-261-5161	相談	
秋田県	建設交通部建築住宅課	010-8570	秋田市山王4-1-1	018-860-2561	情報	
	秋田県建築住宅センター	010-0001	秋田市中通2-3-8 アトリオンビル5階	018-836-7850	相談	
山形県	土木部建築住宅課	990-8570	山形市松波2-8-1	023-630-2640	相談	
	村山総合支庁建設部建築課	991-8501	山形市鉄砲町2-19-68	023-621-8235	相談	
	最上総合支庁建設部建築課	996-0002	新庄市金沢字大道上2034	0233-29-1418	相談	
	置賜総合支庁建設部建築課	992-0012	米沢市金池7-1-50	0238-26-6090	相談	
	庄内支庁建設部建築課	997-1392	東田川郡三川町大字横山字袖東19-1	0235-66-5643	相談	
	すまい情報センター	990-8580	山形市城南町1-1-1	023-647-0780	相談情報	

117

	消費生活センター	990-0031	山形市十日町1-6-6	023-622-2543	相談
福島県	土木部建築住宅課	960-8670	福島市杉妻町2-16	024-521-7520	相談 情報
	土木部建築指導課	960-8670	福島市杉妻町2-16	024-521-7523	相談 情報
	生活環境部消費生活課	960-8043	福島市中町8-2	024-521-0999	相談
茨城県	土木部都市局住宅課	310-8555	水戸市笠原町978-6	029-301-4759	相談 情報
	土木部都市局建築指導課	310-8555	水戸市笠原町978-6	029-301-4722	相談 情報
栃木県	県土整備部住宅課	320-8501	宇都宮市塙田1-1-20	028-623-2488	相談
	消費生活センター	320-0071	宇都宮市野沢4-1 とちぎ男女共同参画センター（パルティ）内	028-665-7744	相談
	中央県民センター	320-8501	宇都宮市塙田1-1-20	028-623-3765	相談
	県南県民センター	328-8504	栃木市神田町6-6	0282-24-5665	相談
	県北県民センター	324-0056	大田原市中央1-9-9	0287-23-1555	相談
群馬県	県土整備部建築住宅課	371-8570	前橋市大手町1-1-1	027-226-3717	情報
	ぐんま住まいの相談センター（群馬県住宅供給公社内）	371-0025	前橋市紅雲町1-7-12	027-210-6634	相談 情報
埼玉県	都市整備部住宅	336-8501	さいたま市浦和	048-824-2111	情報

第1節　紛争処理機関等の利用

	課		区高砂3-15-1			
	都市整備部開発指導課	336-8501	さいたま市浦和区高砂3-15-1	048-824-2111	情報	
	埼玉県消費生活支援センター	333-0844	川口市上青木3-12-18 SKIPシティA1街区2階	048-261-0999	相談	
	埼玉県住宅供給公社入居・相談プラザ	331-0851	さいたま市大宮区錦町630	048-658-3017	相談 情報	
	㈳埼玉県宅地建物取引業協会	330-0055	さいたま市浦和区東高砂町6-15	048-811-1818	相談 情報	
	㈳全日本不動産協会埼玉県本部	338-0832	さいたま市桜区西堀1-11-39	048-866-5225	相談 情報	
千葉県	県土整備部住宅課	260-8667	千葉市中央区市場町1-1	043-223-3255	情報	
	住まい情報プラザ	260-0014	千葉市中央区本千葉町13-1 本千葉ビル1階	043-223-3266	相談 情報	
東京都	都市整備局住宅政策推進部不動産業課賃貸ホットライン	163-8001	新宿区西新宿2-8-1 都庁第2庁舎3階	03-5320-4958	相談	
神奈川県	神奈川県民センター県民の声・相談室	221-0853	横浜市神奈川区鶴屋町2-24-2	045-312-1121	相談	宅地建物の紛争・取引
	㈳かながわ住まい・まちづくり協会	231-0007	横浜市中区弁天通3-48 県公社弁天通三丁目共同ビル2F	045-664-6896	情報	公的賃貸住宅情報提供 高齢者円滑入

119

第2章　敷金等返還紛争解決のための手続

						居住賃貸住宅登録・閲覧
	県土整備部住宅課	231-8588	横浜市中区日本大通1	045-210-6557	情報	
新潟県	土木部都市局都市政策課	950-8570	新潟市中央区新光町4-1	025-280-5427	相談情報	宅建業関係
	新潟県消費生活センター	950-0994	新潟市中央区上所2-2-2	025-285-4196	相談	
富山県	土木部建築住宅課	930-8501	富山市新総曲輪1-7	076-444-3355	相談情報	宅建業関係
石川県	石川県土木部建築住宅課	920-8580	金沢市鞍月1-1	076-225-1777	相談情報	
	㈳石川県宅地建物取引業協会	921-8047	金沢市大豆田本町口46-8	076-291-2255	相談	
	㈳全日本不動産協会石川県本部	921-8025	金沢市増泉1-19-34 サンプラザノアビル3階	076-280-6223	相談	
福井県	土木部建築住宅課	910-8580	福井市大手3-17-1	0776-20-0505	相談情報	
山梨県	県土整備部住宅課計画担当	400-8501	甲府市丸の内1-6-1 県民会館3階	055-223-1731	相談情報	
	県土整備部住宅課宅建業担当	400-8501	甲府市丸の内1-6-1 県民会館3階	055-223-1730	相談情報	
	県民相談センター	400-8501	甲府市丸の内1-8-5 県民情報プラザ2階	055-223-1366	相談	
	㈳山梨県宅地建	400-0853	甲府市下小河原	055-243-4300	相談	

120

第1節　紛争処理機関等の利用

	物取引業協会		町237-5 山梨県不動産会館		情報	
長野県	建設部住宅課	380-8570	長野市大字南長野字幅下692-2	026-235-7339	相談 情報	
	宅地住宅相談所	380-8570	長野市大字南長野字幅下692-2	026-235-7331	相談	
	佐久地方事務所建築課	385-8533	佐久市大字跡部65-1	0267-63-3111	相談 情報	
	上小地方事務所建築課	386-8555	上田市材木町1-2-6	0268-23-1260	相談 情報	
	諏訪地方事務所建築課	392-8601	諏訪市上川1-1644-10	0266-53-6000	相談 情報	
	上伊那地方事務所建築課	396-8666	伊那市大字伊那3497	0265-78-2111	相談 情報	
	下伊那地方事務所建築課	395-0034	飯田市追手町2-678	0265-23-1111	相談 情報	
	木曽地方事務所商工観光建築課	397-8550	木曽郡木曽町福島2757-1	0264-24-2211	相談 情報	
	松本地方事務所建築課	390-0852	松本市大字島立1020	0263-47-7800	相談 情報	
	北安曇地方事務所商工観光建築課	398-8602	大町市大字大町1058-2	0261-22-5111	相談 情報	
	長野地方事務所建築課	380-0836	長野市大字南長野南県町686-1	026-233-5151	相談 情報	
	北信地方事務所建築課	383-8515	中野市大字壁田955	0269-22-3111	相談 情報	
	企画部生活文化課	380-8570	長野市大字南長野字幅下692-2	026-232-0111	相談	一般消費者
	長野消費生活センター	380-0936	長野市大字中御所字岡田98-1	026-223-6777	相談	一般消費者

121

第 2 章　敷金等返還紛争解決のための手続

	松本消費生活センター	390-0811	松本市中央1-23-1 松本商工会館内	0263-35-1556	相談	一般消費者
	飯田消費生活センター	395-0034	飯田市追手町2-641-47	0265-24-8058	相談	一般消費者
	上田消費生活センター	386-0014	上田市材木町1-2-6	0268-27-8517	相談	一般消費者
岐阜県	都市建築部建築指導課企画宅建担当	500-8570	岐阜市薮田南2-1-1	058-272-1111	相談情報	宅建業関係
	都市建築部公共建築住宅課企画担当	500-8570	岐阜市薮田南2-1-1	058-272-1111	相談情報	
静岡県	県民部住まいづくり室	420-8601	静岡市葵区追手町9-6	054-221-3081	相談情報	
	下田土木事務所都市計画課	415-0016	下田市中531-1	0558-24-2109	相談情報	
	熱海土木事務所都市計画課	413-0016	熱海市水口町13-15	0557-82-9191	相談情報	
	沼津土木事務所建築住宅課	410-0055	沼津市高島本町1-3	055-920-2224	相談情報	
	富士土木事務所都市計画課	416-0906	富士市本市場441-1	0545-65-2873	相談情報	
	静岡土木事務所建築住宅課	422-8031	静岡市駿河区有明町2-20	054-286-9346	相談情報	
	島田土木事務所建築住宅課	427-0019	島田市道悦5-7-1	0547-37-5273	相談情報	
	御前崎土木事務所都市計画課	421-1623	御前崎市港6129-1	0548-63-5347	相談情報	
	袋井土木事務所建築住宅課	437-0042	袋井市山名町2-1	0538-42-3294	相談情報	
	浜松土木事務所	430-0929	浜松市中区中央	053-458-7284	相談	

第1節　紛争処理機関等の利用

	建築住宅課		1-12-1		情報	
愛知県	建設部建設業不動産業課	460-8501	名古屋市中区三の丸3-1-2 自治センター2階	052-961-2111	相談 情報	
	県営住宅管理室	460-8501	名古屋市中区三の丸3-1-2 本庁舎5階	052-961-2111	相談 情報	
	中央県民生活プラザ	460-8501	名古屋市中区三の丸3-1-2 自治センター1・2階	052-962-5100	相談 情報	
	土日相談コーナー（県営住宅のみ）	460-8501	名古屋市東区上堅杉町1 県女性センター2階	052-962-5100	相談 情報	
	尾張県民生活プラザ	491-0859	一宮市本町4-3-1 ルボ・テンサンビル4階	0586-71-5900	相談 情報	
	海部県民生活プラザ	496-8531	津島市西柳原町1-14 海部総合庁舎1階	0567-24-2500	相談 情報	
	知多県民生活プラザ	475-8501	半田市出口町1-36 知多総合庁舎1階	0569-23-3900	相談 情報	
	西三河県民生活プラザ	444-8551	岡崎市明大寺本町1-4 西三河総合庁舎1階	0564-27-0800	相談 情報	
	豊田加茂県民生活プラザ	471-0026	豊田市若宮町1-57-1	0565-34-6151	相談 情報	

123

第2章 敷金等返還紛争解決のための手続

			A館T-FACE7階			
	新城設楽県民生活プラザ	441-1365	新城市字石名号20-1 新城設楽総合庁舎1階	0536-23-8700	相談 情報	
	東三河県民生活プラザ	440-8515	豊橋市八町通5-4 東三河総合庁舎1階	0532-52-7337	相談 情報	
三重県	県土整備部住宅室	514-8570	津市広明町13	059-224-2720	相談 情報	
	県土整備部建築開発室	514-8570	津市広明町13	059-224-2708	宅建業者に関わる相談窓口	
	三重県消費生活センター	514-0004	津市栄町1-954	059-228-2212	相談 情報	
滋賀県	土木交通部住宅課	520-8577	大津市京町4-1-1	077-528-4231	相談	
	滋賀県不動産無料相談所	520-0051	大津市梅森1-3-25 駅前1st森田ビル2階	077-526-2267	相談	
京都府	京都府住宅供給公社住宅相談所	602-8054	京都市上京区出水通油小路東入丁字風呂町104-2	075-432-2011	住宅相談全般	
大阪府	住宅まちづくり部建築振興課（宅建業指導グループ）	540-8570	大阪市中央区大手前2-1-22	06-6941-0351	相談 情報	宅建業関連
	大阪府住宅相談	540-8570	大阪市中央区大	06-6942-3854	相談	

第1節　紛争処理機関等の利用

	室		手前2-1-22			
兵庫県	ひょうご住まいサポートセンター	650-0044	神戸市中央区東川崎町1-1-3 神戸クリスタルタワー6F	078-360-2536	相談 情報	
	県土整備部住宅建築局住宅政策課	650-8567	神戸市中央区下山手通5-10-1	078-341-7711	情報	
奈良県	土木部まちづくり推進局住宅課	630-8501	奈良市登大路町30	0742-27-7540	高齢者向け賃貸住宅に関する情報	
	土木部まちづくり推進局建築課	630-8501	奈良市登大路町30	0742-27-7563	宅建業に関する相談窓口	
	食品・生活相談センター	630-8213	奈良市登大路町10-1	0742-26-0931	消費生活相談	
	食の安全・消費生活相談窓口	635-8508	大和高田市大中98-4	0745-22-0931	消費生活相談	
和歌山県	県土整備部都市住宅局都市政策課	640-8585	和歌山市小松原通1-1	073-432-4111	相談 情報	
	県土整備部都市住宅局住宅環境課	640-8585	和歌山市小松原通1-1	073-432-4111	相談 情報	
	県土整備部都市住宅局公共建築課	640-8585	和歌山市小松原通1-1	073-432-4111	相談 情報	
	県民生活課県民相談担当	640-8585	和歌山市小松原通1-1	073-432-4111	相談	
	和歌山県消費生	640-8227	和歌山市西汀丁	073-433-1551	相談	

第2章 敷金等返還紛争解決のための手続

	活センター		26 和歌山県経済センター内			
	和歌山県消費生活センター 紀南支所	646-0027	田辺市朝日丘23-1 西牟妻総合庁舎内	0739-24-0999	相談	
鳥取県	生活環境部住宅政策課	680-8570	鳥取市東町1-220	0857-26-7411	相談 情報	宅建業関連公営住宅
	消費生活センター	683-0043	米子市末広町74 米子コンベンションセンター4階	0859-34-2765	相談	一般消費者
島根県	土木部建築住宅課	690-0887	松江市殿町1	0852-22-5226	相談 情報	
	消費者センター	690-0887	松江市殿町8-3	0852-32-5916	相談	
	松江県土整備事務所	690-0011	松江市東津田町1741-1	0852-32-5757	相談 情報	
	雲南県土整備事務所	699-1396	雲南市木次町里方531-1	0854-42-9590	相談 情報	
	出雲県土整備事務所	693-8511	出雲市大津町1139	0853-30-5660	相談 情報	
	県央県土整備事務所	696-8510	邑智郡川本町大字川本279	0855-72-9608	相談 情報	
	浜田県土整備事務所	697-0041	浜田市片庭町254	0855-29-5668	相談 情報	
	益田県土整備事務所	698-0007	益田市昭和町13-1	0856-31-9660	相談 情報	
	隠岐支庁県土整備局	685-8601	隠岐の島町港町塩口24	08512-2-9728	相談 情報	
岡山県	土木部都市局住	700-8570	岡山市内山下2-	086-226-7527	相談	

第1節　紛争処理機関等の利用

			4-6		情報	
	消費生活センター	700-0807	岡山市南方2-13-1	086-226-0999	相談	
広島県	県境県民局総務管理部消費生活課	730-8511	広島市中区基町10-52	082-223-6111	消費生活に関する相談窓口	
	都市局建築課	730-8511	広島市中区基町10-52	082-513-4185	宅建業に関する相談窓口	
	都市局住宅課	730-8511	広島市中区基町10-52	082-513-4164	情報	
山口県	土木建築部　住宅課	753-8501	山口市滝町1-1	083-933-3883	相談情報	
	岩国土木建築事務所	740-0016	岩国市三笠町1-1-1	0827-29-1543	相談情報	
	柳井土木建築事務所	742-0031	柳井市南町3-9-3	0820-22-0396	相談情報	
	周南土木建築事務所	745-0004	周南市毛利町2-38	0834-33-6475	相談情報	
	防府土木建築事務所	747-0801	防府市駅南町13-40	0835-22-3485	相談情報	
	山口土木建築事務所	753-0064	山口市神田町6-10	083-922-1072	相談情報	
	宇部土木建築事務所	755-0033	宇部市琴芝町1-1-50	0836-21-7125	相談情報	
	下関土木建築事務所	751-0823	下関市貴船町3-2-1	083-223-7101	相談情報	
	長門土木建築事務所	759-4101	長門市東深川1875-1	0837-22-2922	相談情報	
	萩土木建築事務	758-0041	萩市江向河添沖	0838-22-1829	相談	

第 2 章　敷金等返還紛争解決のための手続

	所		田531-1		情報	
	美弥土木事務所	759-2212	美弥市大嶺町東分3449-5	0837-52-1105	相談 情報	
	㈳山口県宅地建物取引業協会	754-0021	山口市小郡黄金町5-16	083-973-7111	相談 情報	
	㈳全日本不動産協会山口県本部	753-0072	山口市大手町7-4	083-925-3783	相談 情報	
徳島県	徳島県県土整備部住宅課	770-8570	徳島市万代町1-1	088-621-2593	相談 情報	
	徳島県県土整備部建築開発指導課	770-8570	徳島市万代町1-1	088-621-2604	宅建関係	
香川県	土木部住宅課	760-8570	高松市番町4-1-10	087-832-3582	相談 情報	
愛媛県	土木部道路都市局建築住宅課	790-8570	松山市一番町4-4-2	089-941-2111	相談 情報	
	東予地方局建設部建築指導課	793-0042	西条市喜多川796-1	0897-56-1300	相談	
	四国中央土木事務所	799-0404	四国中央市三島宮川4-6-53	0896-24-4455	相談	
	今治土木事務所建築指導課	794-8502	今治市旭町1-4-9	0898-23-2500	相談	
	中予地方局建設部建築指導課	790-8502	松山市北持田町132	089-941-1111	相談	
	八幡浜土木事務所建築指導課	796-0048	八幡浜市北浜1-3-37	0894-22-4111	相談	
	大洲土木事務所建築指導係	795-8504	大洲市田口甲425-1	0893-24-5121	相談	
	西予土木事務所建築指導係	797-0015	西予市宇和町卯之町4-445	0894-62-1331	相談	
	南予地方局建設部建築指導課	798-8511	宇和島市天神町7-1	0895-22-5211	相談	

第1節　紛争処理機関等の利用

高知県	土木部住宅課	780-8570	高知市丸の内1-2-20	088-823-9861	相談情報	
	高知県立消費生活センター	780-0935	高知市旭町3-115	088-824-0999	相談情報	
福岡県	福岡県建築都市部住宅計画課	812-8577	福岡市博多区東公園7-7	092-643-3732	情報	広報関連
	福岡県建築都市部建築指導課	812-8577	福岡市博多区東公園7-7	092-643-3718	相談情報	宅建業関連
	福岡県新社会推進部生活安全課（相談・指導班）	812-0046	福岡市博多区吉塚本町13番50号（消費生活センター内）	092-632-1600	情報	一般消費者
	㈶福岡県建築住宅センター	810-0001	福岡市中央区天神1-1-1 アクロス福岡3階	092-781-5169	相談情報	〃
	㈳福岡県宅地建物取引業協会	812-0054	福岡市東区馬出1-13-10	092-631-1717	相談情報	協会員
佐賀県	県土づくり本部建築住宅課	840-8570	佐賀市城内1-1-59	0952-25-7164	相談情報	
	消費生活センター	840-0815	佐賀市天神3-2-11	0952-24-0999	相談	
長崎県	土木部まちづくり推進局住宅課	850-8570	長崎市江戸町2-13	095-894-3104	相談情報	
	㈶長崎県住宅・建築総合センター	850-0035	長崎市元船町17-1 長崎県大波止ビル2階	095-825-6944	相談情報	
熊本県	土木部建築課	862-8570	熊本市水前寺6-18-1	096-333-2536	宅地建物取引業法等の苦情・相談	

129

第2章　敷金等返還紛争解決のための手続

	土木部住宅課	862-8570	熊本市水前寺6-18-1	096-333-2547	相談情報	
	㈶熊本県建築住宅センター	862-0954	熊本市神水1-3-1	096-385-0771	相談情報	
大分県	土木建築部建築住宅課	870-8501	大分市大手町3-1-1	097-536-1111	相談情報	
	大分県消費生活・男女共同参画プラザ	870-0037	大分市東春日町1番1号	097-534-0999	相談	
宮崎県	県土整備部建築住宅課	880-8501	宮崎市橘通東2-10-1	0985-26-7194	相談情報	宅建業関連
	宮崎県住宅供給公社	880-0805	宮崎市橘通東2-7-18	0985-24-6616	相談情報	
	宮崎県消費生活センター	880-0051	宮崎市江平西2-1-20	0985-32-7171	相談情報	
	宮崎県消費生活センター都城支所	885-0024	都城市北原町16-1	0986-24-0998	相談情報	
	宮崎県消費生活センター延岡支所	882-0812	延岡市本小路39-3	0982-31-0998	相談情報	
鹿児島県	土木部建築課住宅政策室	890-8577	鹿児島市鴨池新町10-1	099-286-3738	相談情報	
	土木部建築課	890-8577	鹿児島市鴨池新町10-1	099-286-3707	相談情報	宅建業関連
	鹿児島地域振興局建設部	892-0817	鹿児島市小川町3-56	099-805-7336	相談情報	
	鹿児島地域振興局建設部日置支所	899-2501	日置市伊集院町下谷口1960-1	099-273-3752	相談情報	
	南薩地域振興局建設部	897-0031	南さつま市加世田東本町8-13	0993-53-7214	相談情報	

130

第1節　紛争処理機関等の利用

南薩地域振興局建設部指宿支所	891-0403	指宿市十二町301	0993-24-4636	相談情報
北薩地域振興局建設部	895-8505	薩摩川内市神田町1-22	0996-22-4075	相談情報
北薩地域振興局建設部出水支所	899-0202	出水市昭和町18-18	0996-63-3121	相談情報
姶良・伊佐地域振興局建設部	899-5212	姶良郡加治木町諏訪町12	0995-63-8372	相談情報
姶良・伊佐地域振興局建設部大口支所	895-2511	大口市里53-1	0995-23-5155	相談情報
姶良・伊佐地域振興局建設部湧水支所	899-6207	姶良郡湧水町米永478-2	0995-74-3101	相談情報
大隅地域振興局建設部	893-0011	鹿屋市打馬二丁目16-6	0994-44-7546	相談情報
大隅地域振興局建設部曽於支所	899-8102	曽於市大隅町岩川5677	0994-82-1733	相談情報
熊毛支庁	891-3192	西之表市西之表7590	0997-22-0810	相談情報
熊毛支庁屋久島事務所	891-4311	熊毛郡屋久島町安房650	0997-46-2213	相談情報
大島支庁	894-8501	奄美市名瀬永田17-3	0997-57-7344	相談情報
大島支庁徳之島事務所	891-7101	大島郡徳之島町亀津7216	0997-82-1251	相談情報
㈶鹿児島県住宅・建築総合センター	892-0838	鹿児島市新屋敷町16-228	099-224-4539	相談情報
鹿児島県消費生活センター	892-0821	鹿児島市名山町4-3	099-224-0999	情報

131

第2章 敷金等返還紛争解決のための手続

沖縄県	土木建築部住宅課	900-8570	那覇市泉崎1-2-2	098-866-2418	相談情報	
	文化環境部県民生活センター	900-0036	那覇市西3-11-1	098-863-9214	相談	

(政令市)

札幌市	市街地整備部住宅課 民間住宅相談係	060-8611	中央区北一条西2	011-211-2832	相談情報	
仙台市	都市整備局住環境部住環境整備課	980-8671	青葉区国分町3-7-1	022-214-8330	相談情報	
さいたま市	建設局建築部住宅課	330-9588	さいたま市浦和区常盤6-4-4	048-829-1520	相談情報	相談は予約制
千葉市	すまいアップコーナー	260-8722	中央区千葉港2-1 千葉中央コミュニティーセンター1階	043-245-5690	相談情報	
	都市局建築部住宅政策課	260-8722	中央区千葉港2-1 千葉中央コミュニティーセンター3階	043-245-5809	情報	
川崎市	まちづくり局市街地開発部住宅整備課	210-8577	川崎区宮本町1	044-200-2997	相談情報	
	㈶川崎市まちづくり公社 ハウジングサロン	210-0006	川崎区砂子1-4-2	044-211-2503	情報	
	川崎市住宅供給公社	210-0001	川崎区砂子1-5-1	044-244-7575	情報	

132

第1節　紛争処理機関等の利用

	市民・こども局消費者行政センター	210-0006	川崎区砂子1-10-2 ソシオ砂子ビル6階	044-200-2262	相談 情報	
	総務局市民情報室 （法律相談・宅建相談）	210-8577	川崎区宮本町1	044-200-2292	相談 情報	法律相談・宅建相談にて対応
	川崎区役所 相談情報サービスセンター	210-8570	川崎区東田町8	044-201-3132	相談 情報	法律相談等週1日にて対応
	幸区役所　〃	210-8575	幸区戸手本町1-11-1	044-556-6608	相談 情報	〃
	中原区役所　〃	211-8570	中原区小杉町3-245	044-744-3153	相談 情報	〃
	高津区役所　〃	213-8570	高津区下作延2-8-1	044-861-3141	相談 情報	〃
	宮前区役所　〃	216-8570	宮前区宮前平2-20-5	044-856-3132	相談 情報	〃
	多摩区役所　〃	214-8570	多摩区登戸1775-1	044-935-3143	相談 情報	〃
	麻生区役所　〃	215-8570	麻生区万福寺1-5-1	044-965-5119	相談 情報	〃
横浜市	市民相談室	231-0017	中区港町1-1	045-671-2306	相談	
	ハウスクエア横浜 「住まいの相談カウンター」	224-0001	都筑区中川1-4-1	045-912-4110	相談 情報	
	横浜市住宅供給公社 住まい・まちづ	221-0056	神奈川区金港町1-4 横浜イーストス	045-451-7762	相談 情報	

133

	くり相談センター「住まいるイン」		クエア1F			
	まちづくり調整局住宅計画課	231-0012	中区相生町3-56-1 JNビル4F	045-671-3975	相談 情報	
新潟市	建築部住環境政策課	951-8550	新潟市中央区学校町通1-602-1	025-226-2813	相談 情報	
静岡市	都市局建築部建築総務課	420-8602	葵区追手町5-1	054-221-1285	相談 情報	
浜松市	建築住宅部住宅課	430-8652	中区元城町103-2	053-457-2456	相談 情報	
名古屋市	住宅都市局住宅部住宅企画課	460-8508	中区三の丸3-1-1	052-972-2942	相談 情報	
	住まいの窓口	460-0008	中区栄3-5-12(栄地下街南通路)	052-242-4555	相談 情報	
京都市	都市計画局住宅室住宅政策課	604-8571	中京区寺町通御池上る上本能寺前町488	075-222-3666	情報	
	京都市すまい体験館	601-8041	南区東九条南鳥丸町35-6	075-693-5131	相談 情報	
大阪市	大阪市立住まい情報センター	530-0041	北区天神橋6-4-20	06-6242-1177	相談 情報	別途専門家相談(法律、資金計画、建築・リフォーム)
堺市	建築都市局住宅部住宅まちづくり課	590-0078	堺区南瓦町3-1	072-228-8215	相談 情報	

第 1 節　紛争処理機関等の利用

	堺市立消費生活センター	590-0076	堺区北瓦町2-4-16 堺富士ビル6階	072-221-7146	情報	
神戸市	神戸市すまいの安心支援センター "すまいるネット"	651-0096	中央区雲井通5-3-1 サンパル4階	078-222-0005	相談 情報	
広島市	都市整備局住宅部住宅政策課	730-8586	中区国泰寺町1-6-34	082-504-2292	相談 情報	
	企画総務局市民相談センター	730-8586	中区国泰寺町1-6-34	082-504-2120	相談	
	市民局消費生活センター	730-0011	中区基町6-27 アクア広島センター街8階	082-225-3300	相談	
北九州市	㈶福岡県建築住宅センター 住宅相談コーナー	803-0814	小倉北区大手町1-1 小倉北区役所庁舎5階	093-582-4173	相談	
	建築都市局住宅部住宅計画課	803-8501	小倉北区城内1-1	093-582-2592	情報	
福岡市	住宅都市局住宅政策部住宅政策課 住宅相談コーナー	810-8620	中央区天神1-8-1	092-711-4808	相談 情報	
	福岡市消費生活センター	810-0073	中央区舞鶴2-5-1	092-781-0999	相談	

※国土交通省HPより

135

［資料４］ 東京都の相談窓口一覧（平成23年12月末現在）

東京都都市整備局 住宅政策推進部不動産業課 新宿区西新宿2-8-1 都庁第二庁舎3階北側	不動産取引に関する相談 9：00〜11：00 13：00〜16：00 ※面談相談　当日受付	賃貸ホットライン （電話相談） 03（5320）4958
		指導相談係 03（5320）5071
東京都不動産取引特別相談室 新宿区西新宿2-8-1 都庁第二庁舎3階北側	弁護士による法律相談 13：00〜16：00 ※面談相談　予約制	03（5320）5015
東京都消費生活総合センター 新宿区神楽河岸1-1 セントラルプラザ16階	消費生活に関する相談 （不動産含む） 9：00〜16：00 電話、面談相談	相談専用 03（3235）1155

※東京都都市整備局HP・貸賃住宅トラブル防止ガイドラインより

第2　国民生活センター、消費生活センター等

　独立行政法人国民生活センター法に基づいて法人化された独立行政法人国民生活センターでは、土日祝日の10時〜16時の間、都道府県や市区町村の消費生活センター等が開所していない場合、「消費者ホットライン」で相談を受け付けており（年末年始、国民生活センターの建物・施設点検日を除く）、賃貸住宅の敷金返還等請求に関する相談にも応じている。なお、来訪での相談は受け付けていない。

第2章　敷金等返還紛争解決のための手続
［資料5］　消費者ホットライン

消費者ホットライン

0570-064-370

ゼロ・ゴー・ナナ・ゼロ　　守ろうよ、　　みんなを！

消費者ホットラインは、消費生活相談への最初の一歩をお手伝いします。消費生活相談でどこに相談してよいか分からない場合には、一人で悩まずに消費者ホットラインをご利用ください。
➢ 平成22年1月12日より実施

ご相談いただいた情報は、全国的なデータベース（PIO-NET）に集約され、個人が特定されないようにした上で、消費者の皆さんへの注意喚起、違法・不当な事業者に対する処分や差止請求訴訟の提起に役立てられています。

✱おかけになる前に、お住まいの郵便番号をご確認ください

0570-064-370

※PHS、IP電話、プリペイド式携帯電話はご利用いただくことができません。

利用料金

ガイダンスが流れている間は、通話料金はかかりません。

相談窓口へつながった時点から通話料金をご負担いただきます。
※電話番号及び受付時間の案内ガイダンスも電話料金はかかりません。

①郵便番号がわかる
　お住まいの郵便番号を入力
　ご案内先を選択する場合
　⇒ ガイダンスに沿って入力
　「○○市窓口を選択される方は1を、
　△△県窓口を選択される方は2を…」

②郵便番号がわからない
　固定電話の場合　　携帯電話の場合
　お住まいの地域を選択
　「お住まいの地域を選択してください。
　○○市は1を、△△市は2を…」
　ご案内先を選択する場合
　⇒ ガイダンスに沿って入力
　「○○市窓口を選択される方は1を、
　△△県窓口を選択されるは2を…」

身近な消費生活に関する相談窓口
市区町村の消費生活センターや相談窓口、もしくは都道府県の消費生活センターをご案内いたします。また、土日祝日は市区町村、都道府県の開所しているセンターに、開所していない場合には国民生活センターをご案内いたします。

※一部の相談窓口では、ガイダンスにより電話番号及び受付時間のご案内をいたします。

（平日）
都道府県センター
（土日祝）
都道府県センター、国民生活センターなど

第1節　紛争処理機関等の利用

Q. 身近な相談窓口って、どこ？
- 基本的には、お住まいの地域の市区町村の消費生活センターや消費生活相談窓口をご案内いたします。
- 消費生活相談窓口が設置されていない市区町村は、都道府県の消費生活センターをご案内いたします。
※ 一部の自治体では、市区町村の窓口か、都道府県の消費生活センターかを選択できる方式を採用しています。
※ 一部の自治体では、市区町村の窓口の受付時間外に都道府県の消費生活センターをご案内する方式を採用しています。

Q. どんな相談も受けてもらえるの？
- 相談窓口で受け付けられる相談
  ・悪質商法による被害、訪問販売・通信販売等における事業者とのトラブル
  ・産地の偽装、虚偽の広告など不適切な表示に伴う事業者とのトラブル
  ・安全性を欠く製品やエステティックサービスによる身体への被害　など
- 相談窓口で受け付けられない相談
  ・行政の対応に対する不満や要望（行政相談）
  ・職場での不当な解雇（労働問題）
  ・工場の汚水排出による環境事故（公害）　など
※ 生命・身体に重大な危害を受けた場合、又はその危険が切迫している場合などは、まずは、警察・消防にご連絡ください。

Q. この番号にかけないと相談できないの？
- 身近な相談窓口や消費生活センターの電話番号をご存知の場合や既に継続して相談をしている場合には、そちらの電話番号へおかけください。
- 1回で相談が終わらなかった場合は、次回からはご相談された窓口の電話番号へおかけください。

Q. いつでも相談できるの？
- 市区町村、都道府県、国民生活センターいずれかの窓口が対応することにより、年末年始を除いて原則毎日ご利用いただけます。
- 身近な相談窓口が受付時間外の場合や一部の相談窓口では、ガイダンスにより電話番号及び受付時間のご案内をいたします。
※ 施設の点検など、特別な事情により休みとなる窓口もあります。
※ 受付時間は相談窓口ごとに異なります。

Q. 相談した情報は？
- 個々の問題の解決にとどまらず、社会全体の課題の解決につなげるため、全国的なデータベース（PIO-NET）に集約され、個人が特定されないようにした上で、消費者の皆さんへの注意喚起、違法・不当な事業者に対する処分や差止請求訴訟の提起に役立てられています。

困ったとき、分からないときは

ガイダンスに従い入力しても反応しないときは
プッシュ信号が発信できていないと思われます。
このような場合には、一旦お電話を切っていただいた上で、もう一度おかけなおしいただき、#又は*を押し、ガイダンスに従い番号を入力してください。
以上の操作を行っても入力できない場合については、しばらくお待ちください、都道府県などの相談窓口をご案内いたします。

黒電話（ダイヤル式電話）をお使いの場合は
黒電話（ダイヤル式電話）をお使いの場合でも、ホットラインをご利用いただけます。黒電話（ダイヤル式電話）はプッシュ信号を発信できませんので、ホットラインへおかけいただいた後、しばらくお待ちください。都道府県などの相談窓口をご案内いたします。

ナビダイヤルの料金案内ガイダンスの後切れてしまったときは
着信先の消費生活相談窓口が通話中の場合、料金案内ガイダンスが流れた後でも、「ブーブー」と通常の話中時と同様の音が流れます。このような場合、申し訳ありませんが少し時間をおいてから、もう一度お掛けなおしください。

消費者ホットラインに関するお問い合わせ先
消費者庁地方協力課
03-3507-9174

消費者庁　　消費者ホットライン　検索

また、国民生活センターの全国の都道府県の消費生活センター等でも、消費生活に関する紛争の相談・あっせんを行っており、賃貸住宅の敷金返還等請求に関する紛争の相談・あっせんも行っている（原状回復トラブルとガイドライン〔再改訂〕34頁、〔再改訂〕賃貸住宅原状回復ガイドライン44頁）。

［資料６］　全国の消費生活センター一覧（平成23年12月末現在）

北海道の消費生活センター

都道府県の消費生活センター

北海道立消費生活センター　050-7505-0999

市区町村の消費生活センター

▼お住まいの地域から選択してください。
以下の地域以外の方は都道府県の消費生活センターにご相談ください。

札幌市消費者センター 　011-728-2121	函館市消費生活センター 　0138-26-4646
小樽・北しりべし消費者センター 　0134-23-7851	旭川市消費生活センター 　0166-22-8228
室蘭市消費生活センター 　0143-25-3100	釧路市消費生活センター 　0154-24-3000
帯広市消費生活アドバイスセンター 　0155-22-8393	北見市消費者相談室 　0157-23-4013
岩見沢市消費者センター 　0126-23-7987	網走市消費者相談室 　0152-44-7076
留萌消費生活相談窓口 　0164-42-0651	苫小牧市消費者センター 　0144-33-6510
稚内市消費者センター 　0162-23-4133	美唄市消費生活センター 　0126-62-4500
芦別市消費生活相談窓口 　0124-22-2111	江別市消費生活相談窓口 　011-381-1026
赤平市消費生活相談室 　0125-32-1833	紋別市消費者センター 　0158-24-7779
士別市消費生活センター 　0165-23-3820	名寄市消費者センター 　01654-2-3575
根室市消費生活センター 　0153-24-9065	千歳市消費生活相談室 　0123-24-0193
滝川地方消費者センター	歌志内市市民課

0125-23-4778
深川市地域消費者センター
0164-26-2210
登別市消費生活センター
0143-85-3491
伊達市市民部市民課
0142-23-3331
北斗市消費生活相談室
0138-73-3111
檜山郡上ノ国町
0139-55-2311
奥尻町消費生活相談窓口
01397-2-3404
ようてい地域消費生活相談窓口
0136-44-1600
上砂川町消費生活センター
0125-62-2243
浦臼町役場産業建設課商工観光係
0125-68-2114
上川町役場産業経済課商工観光グループ
01658-2-1211
中頓別町消費生活相談室
01634-6-1170
斜里町消費生活相談所
0152-23-3131
小清水町相談窓口
0152-62-4472
置戸町産業振興課商工観光係
0157-52-3313
佐呂間町消費生活相談窓口社会福祉協議会
01587-2-3732
湧別町商工林務課消費相談

0125-42-3217
富良野市消費生活センター
0167-39-1166
恵庭市消費生活相談窓口
0123-32-8191
北広島市消費生活相談室
011-372-3311
江差町消費生活相談室
0139-52-6715
厚沢郡町
0139-64-3311
せたな町役場
0137-84-5111
岩内消費生活相談センター
0135-61-4878
月形町消費生活相談窓口
0126-53-2322
幌加内町産業課商工観光室
0165-35-2122
天塩相談窓口
01632-2-1001
美幌町消費生活相談窓口
0152-72-0366
清里町役場町民課
0152-25-3577
訓子府町消費生活相談窓口
0157-47-2111
佐呂間町消費生活相談窓口役場経済課
01587-2-1200
遠軽町役場消費相談窓口
0158-42-4819
滝上町役場林政商工観光課

第1節　紛争処理機関等の利用

窓口
01586-2-5866
興部町住民課住民環境係
0158-82-2131
大空町役場
0152-74-2111
平取町役場産業課商工観光係
01457-2-2223
様似町役場消費生活相談窓口
0146-36-2119
音更町消費生活センター
0155-32-3211
清水消費者センター
0156-62-2688
中札内消費生活相談室
0155-67-2311
大樹町消費生活相談室
01558-6-2111
本別町役場企画振興課
0156-22-8121
浦幌町消費生活相談窓口
015-576-4330
中標津町消費生活センター
0153-73-3111

0158-29-2111
雄武町消費相談窓口
0158-84-2121
白老町消費生活相談窓口
0144-82-2265
浦河町消費生活センター
0146-22-6667
新ひだか町消費生活相談窓口
0146-43-2111
新得町役場町民課住民活動係
0156-64-0528
芽室町消費生活センター
0155-62-6556
更別村消費生活相談室
0155-52-3600
幕別町消費生活相談室
0155-54-6606
足寄町住民課住民室住民
活動担当
0156-25-2141
厚岸町消費生活相談窓口
0153-52-3131
羅臼町水産商工観光課商工
観光係
0153-87-2162

青森県の消費生活センター

都道府県の消費生活センター

青森県消費生活センター NPO法人青森県消費者協会	017-722-3343
青森県消費生活センター弘前相談室	0172-36-4500
青森県消費生活センター八戸相談室	0178-27-3381
青森県消費生活センターむつ相談室	0175-22-7051

市区町村の消費生活センター

143

第2章　敷金等返還紛争解決のための手続

▼お住いの地域から選択してください。
以下の地域以外の方は都道府県の消費生活センターにご相談ください。
青森市民消費生活センター　　　　　　　　　017-722-2326
弘前市市民生活センター　　　　　　　　　　0172-34-3179
八戸市商工労働部商工政策課消費生活センター　0178-43-9216
五所川原市消費生活相談室　　　　　　　　　0173-33-1626
むつ市消費生活センター　　　　　　　　　　0175-22-1353

岩手県の消費生活センター

都道府県の消費生活センター

岩手県立県民生活センター　　　　　　　　　　　　019-624-2209
岩手県沿岸広域振興局宮古地域振興センター消費生活相談室
　　　　　　　　　　　　　　　　　　　　　　　　0193-64-2211
岩手県沿岸広域振興局大船戸地域振興センター消費生活相談室
　　　　　　　　　　　　　　　　　　　　　　　　0192-27-9911
岩手県県南広域振興局消費生活相談室北上相談室　　0197-65-2731

市区町村の消費生活センター

▼お住まいの地域から選択してください。
以下の地域以外の方は都道府県の消費生活センターにご相談ください。

盛岡市消費生活センター
　019-624-4111
花巻市生活福祉部市民生活
総合相談センター
　0198-24-2111
久慈市消費生活センター
　0194-54-8004
一関市消費生活センター千
厩相談室
　0191-53-3957
釜石市消費生活センター
　0193-22-2701
奥州市市民環境部市民課総
合相談室
　0197-24-2111

宮古市市民生活部生活課市民相談室
　0193-68-9081
北上市生活環境部生活環境課
　0197-64-2111

遠野市消費生活相談窓口
　0198-62-6318
一関市消費生活センター一関相談室
　0191-21-8342

二戸消費生活センター
　0195-23-5800
雫石町役場福祉課
　019-692-6472

144

滝沢村健康福祉部福祉課生
活相談窓口
　　019-684-2111

宮城県の消費生活センター

都道府県の消費生活センター

宮城県環境生活部消費生活・文化課相談啓発班（宮城県消費生活センター）
　　　　　　　　　　　　　　　　　　　　　　　　　　　022-261-5161
宮城県東部地方振興事務所県民サービスセンター　　　　　0225-93-5700
宮城県気仙沼地方振興事務所県民サービスセンター　　　　0226-22-7000
宮城県東部地方振興事務所登米地域事務所県民サービスセンター　0220-22-5700
宮城県北部地方振興事務所栗原地域事務所県民サービスセンター　0228-23-5700
宮城県北部地方振興事務所県民サービスセンター　　　　　0229-22-5700
宮城県大河原地方振興事務所県民サービスセンター　　　　0224-52-5700

市区町村の消費生活センター

▼お住まいの地域から選択してください。
以下の地域以外の方は都道府県の消費生活センターにご相談ください。

　　仙台市消費生活センター　　　　石巻市市民相談センター
　　　022-268-7867　　　　　　　　0225-23-5040
　　塩竈市消費生活相談窓口　　　　気仙沼市商工課消費生活相談窓口
　　　022-364-1111　　　　　　　　0226-22-3437
　　白石市消費生活相談室　　　　　名取市消費生活相談窓口
　　　0224-22-0783　　　　　　　　022-384-2111
　　角田市市民福祉部生活環境課　　多賀城市市民相談室
　　　0224-63-2118　　　　　　　　022-368-1141
　　登米市消費生活相談窓口　　　　栗原市消費生活相談窓口
　　　0220-34-2308　　　　　　　　0228-22-1501
　　大崎市消費生活センター　　　　柴田町町民環境課
　　　0229-21-7321　　　　　　　　0224-55-2113
　　亘理郡亘理町役場町民生活課　　亘理郡山元町役場町民生活課生
　　　0223-34-1113　　　　　　　　活班
　　　　　　　　　　　　　　　　　　0223-37-1112
　　加美町消費生活相談窓口　　　　美里町役場町民生活課
　　　0229-63-6000　　　　　　　　0229-33-2114

秋田県の消費生活センター

都道府県の消費生活センター

秋田県生活センター	018-835-0999
秋田県生活センター北部消費生活相談室	0186-45-1040
秋田県生活センター南部消費生活相談室	0182-45-6104

市区町村の消費生活センター

▼お住まいの地域から選択してください。
以下の地域以外の方は都道府県の消費生活センターにご相談ください。

秋田市市民相談センター消費生活担当
　018-866-2016
横手市消費生活センター
　0182-32-2919
男鹿市市民環境課
　0185-24-9111
鹿角市市民共動課
　0186-30-0258
潟上市生活環境課
　018-877-7802
北秋田市生活課
　0186-62-6628
仙北市環境防災課
　0187-43-3308
八峰町消費生活相談窓口
（産業振興課）
　0185-76-4605
八郎潟町消費者行政係
　018-875-5806
羽後町役場生活環境課
　0183-62-2111

能代市消費生活相談所
　0185-89-2132
大館市市民部市民課市民相談室
　0186-43-7045
湯沢市消費生活センター
　0183-72-0874
由利本荘市市民課
　0184-24-6251
大仙市消費生活相談室
　0187-63-1136
にかほ市市民福祉部生活環境課
　0184-32-3043
三種町商工観光交流課
　0185-85-4830
五城目町役場
　018-852-5112

井川町役場産業課
　018-874-4418

山形県の消費生活センター

都道府県の消費生活センター

山形県消費生活センター	023-624-0999
置賜消費生活センター	0238-24-0999
最上消費生活センター	0233-29-1370
庄内消費者センター	0235-66-5451

市区町村の消費生活センター

▼お住まいの地域から選択してください。
以下の地域以外の方は都道府県の消費生活センターにご相談ください。

山形市消費生活センター 023-647-2211	山形県村山総合支庁総務企画部 総務課総合相談係 023-621-8288
米沢市消費生活センター 0238-40-0525	鶴岡市消費生活センター 0235-25-2982
酒田市消費生活センター 0234-26-5761	新庄市市民相談室 0233-22-2111
寒河江市市民生活課 0237-86-2111	上山市市民生活課 023-672-1111
村山市市民課 0237-55-2123	長井市消費生活センター 0238-84-2111
天童市消費生活センター 023-654-1111	東根市生活環境課 0237-42-1111
尾花沢市市民総務課 0237-22-1111	山辺町総務課 023-667-1110
金山町町民税務課 0233-52-2111	最上町町民税務課 0233-43-2111
舟形町まちづくり課 0233-32-2111	

福島県の消費生活センター

都道府県の消費生活センター

福島県消費生活センター　024-521-0999

市区町村の消費生活センター

▼お住まいの地域から選択してください。
以下の地域以外の方は都道府県の消費生活センターにご相談ください。

福島市消費生活センター
024-522-5999

郡山市市民部市民安全課消費生活センター
024-921-0333

伊達市消費生活センター
024-574-2233

会津若松市消費生活センター
0242-39-1228

いわき市消費生活センター
0246-22-0999

茨城県の消費生活センター

都道府県の消費生活センター

茨城県消費生活センター　029-225-6445

市区町村の消費生活センター

▼お住まいの地域から選択してください。
以下の地域以外の方は都道府県の消費生活センターにご相談ください。

水戸市消費生活センター
029-226-4194

土浦市消費生活センター
029-823-3928

石岡市消費生活センター
0299-22-2950

龍ケ崎市消費生活センター
0297-64-1120

常総市消費生活センター
0297-23-0747

日立市女性青少年課消費生活センター
0294-33-3129

古河市消費生活センター
0280-92-8811

結城市消費生活センター
0296-32-1161

下妻市消費生活センター
0296-44-8632

常陸太田市消費生活センター
0294-70-1322

第1節　紛争処理機関等の利用

高萩市消費生活センター
0293-23-2114
笠間市消費生活センター
0296-77-1313
牛久市消費生活センター
029-830-8802
ひたちなか市消費生活センター
029-273-0111
潮来市消費生活センター
0299-62-2138
常陸大宮市消費生活センター
0295-52-2185
筑西市消費生活センター
0296-21-0745
稲敷市消費生活センター
0299-78-3115
桜川市消費生活センター
0296-75-6300
行方市消費生活センター
0291-34-6446
つくばみらい市消費生活センター
0297-25-3288
茨城町消費生活センター
029-291-1690
東海村消費生活センター
029-287-0858
美浦村消費生活センター
029-885-7141

北茨木市消費生活センター
0293-43-1107
取手市消費生活センター
0297-72-5022
つくば市消費生活センター
029-861-1333
鹿嶋市消費生活センター
0299-85-1320
守谷市消費生活センター
0297-45-2327
那珂市消費生活センター
029-298-1111
坂東市消費生活センター
0297-36-2035
かすみがうら市消費生活センター
029-897-1111
神栖市消費生活センター
0299-90-1166
鉾田市消費生活センター
0291-33-2992
小美玉市消費生活センター
0299-35-7802
大洗町消費生活センター
026-267-5111
大子町消費生活センター
0295-72-1124
阿見町消費生活センター
029-888-1871

栃木県の消費生活センター

都道府県の消費生活センター

栃木県消費生活センター　028-625-2227

市区町村の消費生活センター

▼お住まいの地域から選択してください。

149

第2章 敷金等返還紛争解決のための手続

以下の地域以外の方は都道府県の消費生活センターにご相談ください。

宇都宮市消費生活センター	足利市消費生活センター
028-616-1547	0284-73-1211
栃木市消費生活センター	佐野市消費生活センター
0282-23-8899	0283-61-1161
鹿沼市消費生活センター	日光市消費生活センター
0289-63-3313	0288-22-4743
小山市消費生活センター	真岡市消費生活センター
0285-22-3711	0285-84-7830
大田原市消費生活センター	矢板市消費生活センター
0287-23-6236	0287-43-6755
那須塩原市消費生活センター	さくら市消費生活センター
0287-63-7900	028-681-2575
那須烏山市消費生活センター	下野市消費生活センター
0287-83-1014	0285-44-4883
那須町消費生活センター	那珂川町商工観光課
0287-72-6937	0287-92-1116

群馬県の消費生活センター

都道府県の消費生活センター

群馬県消費生活センター（群馬県生活文化部消費生活課）　027-223-3001

市区町村の消費生活センター

▼お住まいの地域から選択してください。
以下の地域以外の方は都道府県の消費生活センターにご相談ください。

前橋市消費生活センター	高崎市消費生活センター
027-230-1755	027-327-5155
桐生市消費生活センター	伊勢崎市消費生活センター
0277-40-1112	0270-20-7300
太田市消費生活センター	沼田市消費生活センター
0276-30-2220	0278-20-1500
館林市消費生活センター	渋川市消費生活センター
0276-72-9002	0279-22-2325
藤岡市消費生活センター	富岡市消費生活センター
0274-20-1133	0274-63-6066

第1節　紛争処理機関等の利用

安中市消費生活センター
027-382-2228
甘楽町消費生活センター
0274-74-3306
玉村町消費生活センター
0270-20-4020
明和町消費生活センター
0276-84-3299
邑楽町消費生活センター
0276-47-5047
みどり市消費生活センター
0277-76-0987
吾妻郡消費生活センター
0279-75-1166
板倉町消費生活センター
0276-82-7830
大泉町消費生活センター
0276-63-3511

埼玉県の消費生活センター

都道府県の消費生活センター

埼玉県消費生活支援センター　　　　048-261-0999
埼玉県消費生活支援センター川越　　049-247-0888
埼玉県消費生活支援センター春日部　048-734-0999
埼玉県消費生活支援センター熊谷　　048-524-0999

市区町村の消費生活センター

▼お住まいの地域から選択してください。
以下の地域以外の方は都道府県の消費生活センターにご相談ください。

さいたま市消費生活総合センター
048-645-3421
さいたま市岩槻消費生活センター
048-749-6191
熊谷市消費生活相談窓口
048-524-7321

行田市消費生活センター
048-556-1111
所沢市消費生活センター
04-2926-0999
加須市市民相談室消費生活相談窓口
0480-62-1111
加須市消費生活相談北川辺支所

さいたま市浦和消費生活センター
048-871-0164
川越市生活情報センター
049-226-7476
川口市市民生活部市民相談室（川口市消費生活相談コーナー）
048-258-1241
秩父市消費生活センター
0494-25-5200
飯能市役所生活安全課
042-973-2111
加須市消費生活相談騎西支所
0480-73-1111
加須市消費生活相談大利根支所

151

0280-61-1200
本庄市消費生活相談窓口
0495-25-1175
春日部市消費生活相談
048-736-1111
羽生市消費生活相談室
048-560-6270
深谷市消費生活センター
048-574-6633
草加市消費生活センター
048-941-6111
蕨市消費生活センター
048-432-4286
入間市消費生活センター
04-2963-5199
志木市市民生活部地域振興課
048-473-1111
新座市消費生活相談室
048-424-9162
久喜市消費生活相談室
0480-22-3925
八潮市消費生活センター
048-996-2111
三郷市消費生活相談室
048-930-7725
坂戸市消費生活センター
049-283-1331
鶴ヶ島市消費生活センター
049-271-1111
吉川市消費生活センター
048-982-9697
伊奈町産業振興課商工係
048-721-2111
毛呂山町消費者相談窓口
049-295-2112
滑川町産業振興課
0493-56-2211

0480-72-1111
東松山市消費生活センター
0493-21-1405
狭山市消費生活センター
04-2954-7799
鴻巣市消費生活センター
048-541-1321
上尾市消費生活センター
048-775-0801
越谷市立消費生活センター
048-965-8886
戸田市消費生活センター
048-433-5724
朝霞市消費生活相談室
048-463-1111
和光市消費生活センター
048-424-9116
桶川市消費生活センター
048-786-3211
北本市消費生活センター
048-591-1111
富士見市消費生活センター
049-252-7181
蓮田市消費生活センター
048-768-3111
幸手市消費生活センター
0480-43-1111
日高市消費生活相談センター
042-989-2111
ふじみ野市消費生活センター
049-263-0110
三芳町消費生活相談
049-258-0019
越生町消費生活相談
049-292-3121
嵐山町消費生活センター
0493-62-2150

第1節　紛争処理機関等の利用

小川町消費生活センター
0493-72-1221
吉見町消費生活相談
0493-54-1511
ときがわ町消費生活相談窓口
0493-66-0222
上里町消費生活相談窓口
0495-35-1232
宮代町消費生活相談窓口
0480-34-1111
杉戸町消費生活相談
0480-33-1111

川島町消費生活相談
049-297-1811
鳩山町消費生活相談
049-296-5895
東秩父村産業建設課産業担当
0493-82-1223
寄居町商業観光振興課
048-581-2121
白岡町消費生活センター
0480-93-7700
松伏町消費生活センター
048-991-1854

千葉県の消費生活センター

都道府県の消費生活センター

千葉県消費者センター　047-434-0999

市区町村の消費生活センター

▼お住まいの地域から選択してください。
以下の地域以外の方は都道府県の消費生活センターにご相談ください。

千葉市消費生活センター
043-207-3000
市川市消費生活センター
047-334-0999
館山市市長公室社会安全課
0470-25-5775
松戸市消費生活センター
047-365-6565
茂原市消費生活センター
0475-20-1101
佐倉市消費生活センター
043-483-4999
習志野市消費生活センター
047-451-6999
市原市消費生活センター

銚子市消費生活センター
0479-24-8194
船橋市消費生活センター
047-423-3006
木更津市消費生活センター
0438-20-2234
野田市消費生活センター
04-7123-1084
成田市消費生活センター
0476-23-1161
旭市消費生活センター
0479-62-8019
柏市消費生活センター
04-7164-4100
流山市消費生活センター

153

第2章　敷金等返還紛争解決のための手続

　　　0436-21-0999
　　八千代市消費生活センター
　　　047-485-0559
　　鎌ヶ谷市消費生活センター
　　　047-445-1141
　　富津市商工観光課商工観光係
　　　0439-80-1287
　　四街道市消費生活センター
　　　043-422-2155
　　八街市消費生活センター
　　　043-443-9299
　　白井市市民経済部商工振興課
　　　047-492-1111
　　匝瑳市産業振興課
　　　0479-73-0089
　　横芝光町産業振興課商工観光班
　　　0479-84-1233

　　　04-7158-0999
　　我孫子市消費生活センター
　　　04-7185-0999
　　君津市消費生活センター
　　　0439-56-1529
　　浦安市消費生活センター
　　　047-390-0030
　　袖ヶ浦市消費生活相談室
　　　0438-62-2111
　　印西市消費生活センター
　　　0476-42-3306
　　富里市消費生活センター
　　　0476-93-5348
　　香取市経済部商工観光課
　　　0478-50-1300

東京都の消費生活センター

都道府県の消費生活センター

東京都消費生活総合センター　03-3235-1155

市区町村の消費生活センター

▼お住まいの地域から選択してください。
以下の地域以外の方は都道府県の消費生活センターにご相談ください。
　　千代田区消費生活センター
　　　03-5211-4314
　　港区立消費者センター
　　　03-3456-6827
　　文京区消費生活センター
　　　03-5803-1106
　　すみだ消費者センター
　　　03-5608-1773
　　品川区消費者センター
　　　03-5718-7182
　　中央区消費生活センター
　　　03-3543-0084
　　新宿区立新宿消費生活センター
　　　03-5273-3830
　　台東区消費者相談コーナー
　　　03-5246-1133
　　江東区消費者センター
　　　03-3647-9110
　　目黒区消費生活センター
　　　03-3711-1140

第1節　紛争処理機関等の利用

大田区立消費者生活センター
　　03-3736-0123
渋谷区立消費者センター
　　03-3406-7644
杉並区立消費者センター
　　03-3398-3121
北区消費生活センター
　　03-5390-1142
板橋区消費者センター
　　03-3962-3511
足立区消費者センター
　　03-3880-5380
江戸川区消費者センター
　　03-5662-7637
立川市消費生活センター
　　042-528-6810
三鷹市消費者活動センター
　　0422-47-9042
府中市消費生活相談室
　　042-360-3316
調布市消費生活相談室
　　042-481-7034
小金井市消費生活相談室
　　042-384-4999
日野市消費生活相談室
　　042-581-3556
国分寺市消費生活相談室
　　042-325-0111
福生市消費生活相談室
　　042-551-1511
東大和市消費生活相談
　　042-563-2111
東久留米市消費者センター
　　042-473-4505
多摩市消費生活センター
　　042-374-9595
羽村市消費生活センター

世田谷区消費生活センター
　　03-3410-6522
中野区消費生活センター
　　03-3389-1196
豊島区消費生活センター
　　03-3984-5515
荒川区消費者相談室
　　03-5604-7055
練馬区消費生活センター
　　03-5910-4860
葛飾区消費生活センター
　　03-5698-2311
八王子市消費生活センター
　　042-631-5455
武蔵野市消費生活センター
　　0422-21-2971
青梅市消費者相談室
　　0428-22-6000
昭島市消費生活相談室
　　042-544-9399
町田市消費生活センター
　　042-722-0001
小平市消費生活相談室
　　042-346-9550
東村山市消費生活センター
　　042-395-8383
国立市消費生活相談コーナー
　　042-576-3201
狛江市消費生活相談コーナー
　　03-3430-1111
清瀬市消費生活センター
　　042-495-6212
武蔵村山市消費生活相談コーナー
　　042-565-1111
稲城市消費者ルーム
　　042-378-3738
あきる野市消費生活相談窓口

155

042-555-1111　　　　　　　　042-558-1867
西東京市消費者センター　　　瑞穂町消費生活相談窓口
042-425-4040　　　　　　　　042-557-7633

神奈川県の消費生活センター

都道府県の消費生活センター

かながわ中央消費生活センター　(045)311-0999

市区町村の消費生活センター

▼お住まいの地域から選択してください。
以下の地域以外の方は都道府県の消費生活センターにご相談ください。

横浜市消費生活総合センター　　　川崎市消費者行政センター
045-845-6666　　　　　　　　　　044-200-3030
相模原市北消費生活センター　　　相模原市相模原消費生活センター
042-775-1770　　　　　　　　　　042-776-2511
相模原市南消費生活センター　　　横須賀市消費生活センター
042-749-2175　　　　　　　　　　046-821-1314
平塚市消費生活センター　　　　　鎌倉市消費生活センター
0463-21-7530　　　　　　　　　　0467-24-0077
藤沢市消費生活センター　　　　　小田原市消費生活センター
0466-25-1111　　　　　　　　　　0465-33-1777
茅ヶ崎市消費生活センター　　　　秦野市消費生活センター
0467-82-1111　　　　　　　　　　0463-82-5181
厚木市消費生活センター　　　　　大和市消費生活センター
046-294-5800　　　　　　　　　　046-260-5120
伊勢原市消費生活センター　　　　海老名市消費生活センター
0463-95-3500　　　　　　　　　　046-292-1000
座間市消費生活センター　　　　　南足柄市消費生活センター
046-252-8490　　　　　　　　　　0465-71-0163
綾瀬市消費生活センター　　　　　寒川町消費生活相談室
0467-70-3335　　　　　　　　　　0467-74-1111

第1節　紛争処理機関等の利用

新潟県の消費生活センター

都道府県の消費生活センター

新潟県消費生活センター　025-285-4196

市区町村の消費生活センター

▼お住まいの地域から選択してください。
以下の地域以外の方は都道府県の消費生活センターにご相談ください。

新潟市消費生活センター
　025-228-8100
三条市民なんでも相談室
（消費生活相談窓口）
　0256-34-5511
新発田市市民生活課
　0254-22-3101
加茂市商工観光課消費生活
相談窓口
　0256-52-0080
村上市消費生活センター
　0254-53-2111
佐渡市立消費生活センター
　0259-57-8143
聖籠町消費生活センター
　0254-27-1958

長岡市立消費生活センター
　0258-32-0022
柏崎市消費生活センター
　0257-23-5355
小千谷市消費生活相談窓口
　0258-83-3509
見附消費生活相談窓口
　0258-62-1700
上越市消費生活センター
　025-525-1905
南魚沼市消費生活センター
　025-772-2541

富山県の消費生活センター

都道府県の消費生活センター

富山県消費生活センター　　　　　076-432-9233
富山県消費生活センター高岡支所　0766-25-2777

市区町村の消費生活センター

▼お住まいの地域から選択してください。
以下の地域以外の方は都道府県の消費生活センターにご相談ください。

157

第2章　敷金等返還紛争解決のための手続

富山市消費生活センター
　076-443-2047
高岡市消費生活相談コーナー
　0766-28-1141
氷見市消費生活相談窓口
　0766-74-8010
黒部市消費生活相談窓口
　0765-54-3198
小矢部市市民協働課
　0766-67-1760
射水市消費生活相談窓口
　0766-52-7974
立山町住民環境課消費生活相談窓口
　076-462-9915

高岡市市民協働課消費生活担当
　0766-20-1552
魚津市市民相談・消費生活相談窓口
　0765-23-1003
滑川市役所産業民生部生活環境課
　076-475-2111
砺波市役所生活環境課
　0763-33-1153
南砺市住民環境課
　0763-23-2035
上市町役場町民課相談窓口
　076-472-1111

石川県の消費生活センター

都道府県の消費生活センター

石川県消費生活支援センター　　　　　　076-267-6110

市区町村の消費生活センター

▼お住まいの地域から選択してください。
以下の地域以外の方は都道府県の消費生活センターにご相談ください。

金沢市近江町消費生活センター
　076-232-0070
小松市生活相談センター
　0761-24-8071
奥能登広域圏事務組合消費生活相談室
　0768-26-2307
加賀市地域福祉課消費生活相談窓口
　0761-72-7857

七尾市消費生活センター
　0767-53-1112
輪島市産業部漆器商工課
　0768-23-1147
珠洲市消費生活相談窓口
　0768-82-7760
羽咋市商工観光課
　0767-22-1118

第1節　紛争処理機関等の利用

かほく市消費生活センター 　076-283-7144	白山市消費生活センター 　076-274-9507
能美市消費生活相談室 　0761-55-8525	川北町総務課 　076-277-1748
野々市町環境安全課 　076-227-6054	津幡町産業経済課 　076-288-2129
内灘町町民生活課 　076-286-6701	志賀町商工観光課 　0767-32-1111
宝達志水町産業振興課 　0767-29-8240	中能登町企画課 　0767-74-2806
穴水町産業振興課 　0768-52-3670	能登町ふるさと振興課 　0768-62-8532

福井県の消費生活センター

都道府県の消費生活センター

福井県消費生活センター　　　0776-22-1102
福井県嶺南消費生活センター　0770-52-7830

市区町村の消費生活センター

▼お住まいの地域から選択してください。
以下の地域以外の方は都道府県の消費生活センターにご相談ください。

福井市消費者センター 　0776-20-5588	敦賀市消費生活センター 　0770-22-8115
小浜市消費生活相談室 　0770-53-1140	大野市消費者相談センター 　0779-66-1111
勝山市消費者センター 　0779-88-8103	鯖江市消費者センター 　0778-53-2204
あわら市消費者センター 　0776-73-8017	越前市消費者センター 　0778-22-3773
坂井市消費者センター 　0776-50-3030	永平寺町消費者相談コーナー 　0776-61-3941
池田町役場消費者相談窓口 　0778-44-8003	南越前町役場総務課 　0778-47-8000
越前町消費生活相談窓口 　0778-34-8700	

第 2 章　敷金等返還紛争解決のための手続

山梨県の消費生活センター

都道府県の消費生活センター

山梨県県民生活センター　　　　　　055-235-8455
山梨県県民生活センター地方相談室　0554-45-5038

市区町村の消費生活センター

▼お住まいの地域から選択してください。
以下の地域以外の方は都道府県の消費生活センターにご相談ください。
　甲府市消費生活センター　　　　富士吉田市商工振興課
　　055-237-5309　　　　　　　　　0555-22-1577
　上野原市消費生活相談窓口
　　0554-62-3114

長野県の消費生活センター

都道府県の消費生活センター

長野県長野消費生活センター　026-223-6777
長野県松本消費生活センター　0263-35-1556
長野県上田消費生活センター　0268-27-8517
長野県松本消費生活センター岡谷支所(消費生活センターおかや)
　　　　　　　　　　　　　　0266-23-8260
長野県飯田消費生活センター　0265-24-8058

市区町村の消費生活センター

▼お住まいの地域から選択してください。
以下の地域以外の方は都道府県の消費生活センターにご相談ください。
　長野市消費生活センター　　　　松本市消費生活センター
　　026-224-5777　　　　　　　　　0263-36-8832
　上田市市民相談室　　　　　　　岡谷市社会福祉課生活福祉相談
　　0268-22-4140　　　　　　　　　0266-23-4811
　飯田市男女共同参画課　　　　　諏訪市市民課
　　0265-22-4560　　　　　　　　　0266-52-4141
　須坂市市民課消費者相談窓口　　小諸市消費生活センター

第1節　紛争処理機関等の利用

026-248-9002
伊那市消費生活センター
　0265-96-8165
中野市市民課消費生活相談窓口
　0269-22-2111
飯山市民生部市民環境課
　0269-62-3111
塩尻市くらしの相談室
　0263-52-0280
千曲市消費生活センター
　026-274-0820
安曇野市消費生活センター
　0263-82-3131

0267-22-1700
駒ヶ根市環境対策課消費生活相談
　0265-83-2377
大町市消費生活センター
　0261-26-3225
茅野市消費生活センター
　0266-72-2101
佐久市生活環境課
　0267-62-2111
東御市市民課生活環境係
　0268-62-1111

岐阜県の消費生活センター

都道府県の消費生活センター

- 岐阜県県民生活相談センター　　058-277-1003
- 岐阜県西濃振興局振興課　　　　0584-73-1111
- 岐阜県飛騨振興局振興課　　　　0577-33-1111
- 岐阜県東濃振興局振興課　　　　0572-23-1111
- 岐阜県中濃振興局中濃事務所振興課　0575-33-4011
- 岐阜県東濃振興局恵那事務所振興課　0573-26-1111
- 岐阜県中濃振興局振興課　　　　0574-25-3111

市区町村の消費生活センター

▼お住まいの地域から選択してください。
以下の地域以外の方は都道府県の消費生活センターにご相談ください。

美濃市消費生活相談窓口
　0575-33-1122
大垣市消費生活相談室
　0584-75-3371
多治見市くらし人権課
　0572-22-1111

岐阜市消費生活センター
　058-268-1616
高山市消費生活相談窓口
　0577-35-3412
中津川市消費生活相談室
　0573-66-9188

161

瑞浪市消費生活相談
　0572-68-2111
美濃加茂市商工観光課消費生活相談室
　0574-25-2111
各務原市役所市民活動推進課
　058-382-7110
山県市市民環境部生活環境課
　0581-22-6828
飛騨市役所総務課
　0577-73-7461
郡上市総務部総務課消費生活相談窓口
　0575-67-1121
養老町商工労働課
　0584-32-1100
揖斐川町産業建設部商工観光課
　0585-22-2111
八百津町役場産業課
　0574-43-2111
白川村総務課環境計画係
　0576-96-1311

恵那市消費生活相談窓口
　0573-26-2131
土岐市秘書広報課広報広聴係
　0572-54-1111
可児市商工観光課
　0574-62-1111
瑞穂市商工農政課消費生活相談室
　058-322-6517
本巣市消費生活相談窓口
　0581-34-5025
下呂市観光商工部商工課
　0576-24-2222
関ヶ原町地域振興課
　0584-43-1112
川辺町総務企画課
　0574-53-2511
御嵩町役場住民環境課
　0574-67-2111

静岡県の消費生活センター

都道府県の消費生活センター

- 静岡県中部県民生活センター　　054-202-6006
- 静岡県西部県民生活センター　　053-452-2299
- 静岡県東部県民生活センター　　055-952-2299
- 静岡県東部県民生活センター賀茂駐在　0558-24-2299

市区町村の消費生活センター

▼お住まいの地域から選択してください。
以下の地域以外の方は都道府県の消費生活センターにご相談ください。

　静岡市消費生活センター　　　　静岡市消費生活センター清水相談窓口
　　054-221-1056　　　　　　　　　054-221-1056

浜松市くらしのセンター
　053-457-2205
三島市市民相談室
　055-983-2621
島田市消費生活センター
　0547-36-7153
磐田市消費生活センター
　0538-37-2113
掛川市消費生活センター
　0537-21-1149
御殿場市消費生活センター
　0550-83-1629
裾野市消費生活センター
　055-995-1854
伊豆市市民課案内相談
スタッフ
　0558-72-9858
菊川市消費生活センター
　0537-35-0937
清水町消費生活センター
　055-981-8239
小山町消費生活センター
　0550-76-6117

沼津市企画部市民相談センター
　055-934-4841
富士宮市消費生活センター
　0544-22-1197
富士市消費生活センター
　0545-55-2756
焼津市消費生活センター
　054-626-1147
藤枝市消費生活センター
　054-643-3305
袋井市消費生活センター
　0538-44-3174
湖西市消費生活相談室
　053-576-1609
御前崎市消費生活相談窓口
　0537-85-1135
牧之原市市民相談センター
　0548-23-0088
長泉町総合相談センター
　055-989-5501

愛知県の消費生活センター

都道府県の消費生活センター

愛知県中央県民生活プラザ　　052-962-0999
愛知県東三河県民生活プラザ　0532-52-0999
愛知県西三河県民生活プラザ　0564-27-0999
愛知県尾張県民生活プラザ　　0586-71-0999
愛知県知多県民生活プラザ　　0569-23-3300
愛知県海部県民生活プラザ　　0567-24-9998
愛知県豊田加茂県民生活プラザ　0565-34-1700
愛知県新城設楽県民生活プラザ　0536-23-8701

163

市区町村の消費生活センター

▼お住まいの地域から選択してください。
以下の地域以外の方は都道府県の消費生活センターにご相談ください。

　　名古屋市消費生活センター　　　　豊橋市消費生活相談室
　　　052-222-9671　　　　　　　　　0532-51-2305
　　岡崎市消費生活相談室　　　　　　一宮市消費生活相談窓口
　　　0564-23-6459　　　　　　　　　0586-71-2185
　　半田市消費生活相談室　　　　　　春日井市市民生活課消費生活相談室
　　　0569-32-2444　　　　　　　　　0568-85-6616
　　豊川市消費生活センター　　　　　豊田消費生活センター
　　　0533-89-2238　　　　　　　　　0565-33-0999
　　蒲郡市消費生活相談室　　　　　　小牧市消費生活相談室
　　　0533-66-1204　　　　　　　　　0568-76-1119
　　岩倉市役所相談室　　　　　　　　扶桑町役場産業環境課
　　　0587-38-5822　　　　　　　　　0587-93-1111

三重県の消費生活センター

都道府県の消費生活センター

・三重県消費生活センター（三重県生活・文化部交通安全・消費生活室）
　　059-228-2212

市区町村の消費生活センター

▼お住まいの地域から選択してください。
以下の地域以外の方は都道府県の消費生活センターにご相談ください。

　　津市消費生活センター　　　　　　四日市市市民生活課市民・消費生活相談室
　　　059-229-3313　　　　　　　　　059-354-8264
　　伊勢市消費生活センター　　　　　松阪市まちづくり交流部商工政策課
　　　0596-21-5717　　　　　　　　　0598-53-4338
　　桑名市消費生活相談室　　　　　　鈴鹿亀山消費生活センター
　　　0594-24-1334　　　　　　　　　059-375-7611
　　名張市役所総合窓口　　　　　　　尾鷲市商工観光推進課
　　センター　　　　　　　　　　　　0597-23-8122
　　　0595-63-7416
　　鳥羽市消費生活相談窓口　　　　　志摩市商工観光部商工課
　　　0599-25-1241　　　　　　　　　0599-44-0290

第1節　紛争処理機関等の利用

伊賀市市民生活課	菰野町観光産業課観光推進室
0595-22-9626	059-391-1129
大台町役場産業課	大紀町役場企画調整課
0598-82-3786	0598-86-2214
南伊勢町	紀北町商工観光課
0599-66-1501	0597-32-3905

滋賀県の消費生活センター

都道府県の消費生活センター

滋賀県消費生活センター　　　　　0749-23-0999

市区町村の消費生活センター

▼お住まいの地域から選択してください。
以下の地域以外の方は都道府県の消費生活センターにご相談ください。

大津市消費生活センター	彦根市消費生活相談窓口
077-528-2662	0749-30-6144
長浜市役所環境保全課消費生活相談窓口	近江八幡市消費生活センター
0749-65-6567	0748-36-5566
草津市消費生活センター	守山市消費生活相談窓口
077-561-2353	077-582-1148
栗東市消費生活相談窓口	甲賀市消費生活相談窓口
077-551-0115	0748-65-0685
野洲市市民生活相談室	湖南市消費生活相談窓口
077-587-6063	0748-71-2360
高島市消費生活相談窓口	東近江市消費生活センター
0740-25-8125	0748-24-5659
米原市消費生活相談窓口	日野町消費生活相談窓口
0749-52-8088	0748-52-6578
竜王町消費生活相談窓口	愛荘町消費生活相談窓口
0748-58-3703	0749-42-7680
豊郷町総務企画課	甲良町住民課
0749-35-8112	0749-38-5063
多賀町総務課	
0749-48-8111	

京都府の消費生活センター

都道府県の消費生活センター

京都府消費生活安全センター	075-671-0004
京都府中丹広域振興局商工労働観光室	0773-62-2506
京都府山城広域振興局商工労働観光室	0774-21-2426
京都府南丹広域振興局商工労働観光室	0771-23-4438
京都府丹後広域振興局商工労働観光室	0772-62-4304

市区町村の消費生活センター

▼お住まいの地域から選択してください。
以下の地域以外の方は都道府県の消費生活センターにご相談ください。

京都市消費生活総合センター 075-256-0800	福知山市消費生活センター 0773-24-7020
舞鶴市消費生活センター 0773-66-1006	綾部市消費生活センター 0773-42-3280
宇治市消費生活センター 0774-20-8796	宮津与謝消費生活センター 0722-22-2127
亀岡市消費生活センター 0771-25-5005	城陽市消費生活センター 0774-56-4052
向日市消費生活相談窓口 075-931-8168	長岡京市消費生活センター 075-955-9501
八幡市生活情報センター 075-983-8400	京田辺市消費生活相談室 0774-63-1240
京丹後市消費生活センター 0772-68-0044	相楽消費生活センター 0774-72-9955

大阪府の消費生活センター

都道府県の消費生活センター

大阪府消費生活センター（生活情報ぷらざ） 06-6945-0999

市区町村の消費生活センター

▼お住まいの地域から選択してください。

第1節　紛争処理機関等の利用

以下の地域以外の方は都道府県の消費生活センターにご相談ください。

- 大阪市消費者センター
  06-6614-0999
- 岸和田市立消費生活センター
  072-439-5281
- 池田市立消費生活センター
  072-753-5555
- 泉大津市消費生活相談コーナー
  0725-33-1131
- 貝塚市消費者相談コーナー
  072-433-7190
- 枚方市立消費生活センター
  072-844-2431
- 八尾市産業政策課消費生活係
  072-924-8531
- 富田林市消費者相談室
  0721-25-1000
- 河内長野市消費生活センター
  0721-56-0700
- 大東市消費生活センター
  072-870-0492
- 箕面市立消費生活センター
  072-722-0999
- 門真市消費生活センター
  06-6902-7249
- 高石市消費生活センター
  072-267-5501
- 東大阪市立消費生活センター
  072-965-0102
- 四條畷市消費生活センター
  072-877-2121
- 大阪狭山市農政商工グループ
  072-366-0011
- 島本町消費者相談
  075-963-2180
- 忠岡町消費生活専門相談
  0725-22-1122
- 堺市立消費生活センター
  072-221-7146
- 豊中市立生活情報センターくらしかん
  06-6858-5070
- 吹田市立消費生活センター
  06-6319-1000
- 高槻市立消費生活センター
  072-682-0999
- 守口市消費生活センター
  06-6998-3600
- 茨木市消費生活センター
  072-624-1999
- 泉佐野市消費生活センター
  072-469-2240
- 寝屋川市立消費生活センター
  072-828-0397
- 松原市消費生活相談コーナー
  072-337-3112
- 和泉市消費者生活センター
  0725-41-1331
- 羽曳野市消費生活相談
  072-958-1111
- 摂津市消費生活相談ルーム
  06-6383-2666
- 藤井寺市消費生活相談
  072-939-1050
- 泉南市消費生活センター
  072-483-8191
- 交野市消費者相談コーナー
  072-891-5003
- 阪南市消費者相談
  072-471-5678
- 豊能町消費生活コーナー
  072-739-0001
- 熊取町消費生活相談コーナー
  072-452-6085

第2章　敷金等返還紛争解決のための手続

太子町まちづくり推進部地域
整備室にぎわいまちづくり
グループ
0721-98-5521

河南町消費生活相談窓口
0721-93-2500

兵庫県の消費生活センター

都道府県の消費生活センター

兵庫県立健康生活科学研究所生活科学総合センター	078-303-0999
兵庫県中播磨消費生活創造センター	079-281-0993
兵庫県但馬消費生活センター	0796-23-0999
兵庫県東播磨消費生活センター	079-424-0999
兵庫県丹波消費生活センター	0795-72-0999
兵庫県淡路生活消費センター	0799-23-0993
兵庫県西播磨消費生活センター	0791-58-0993

市区町村の消費生活センター

▼お住まいの地域から選択してください。
以下の地域以外の方は都道府県の消費生活センターにご相談ください。

神戸市生活情報センター
078-371-1221

姫路市消費生活センター
079-221-2110

尼崎市立消費生活センター
06-6438-0999

あかし消費生活センター
078-912-0999

西宮市消費生活センター
0798-64-0999

洲本市役所市民生活部人権推進課
消費生活センター
0799-22-2580

芦屋市消費生活センター
0797-38-2034

伊丹市立消費生活センター
072-775-1298

相生市消費生活センター
0791-23-7130

豊岡市くらしの相談室
0796-21-9001

たじま消費者ホットライン
0796-23-1999

加古川市消費生活センター
079-427-9179

赤穂市消費生活センター
0791-43-6818

西脇市消費生活センター
0795-22-3111

宝塚市消費生活センター
0797-81-0999

三木市消費生活苦情相談
0794-82-2000

高砂市消費生活センター
　079-443-9078
小野市消費生活相談コーナー
　0794-63-1000
加西市消費生活相談窓口
　0790-42-8739
養父市消費生活センター
　079-662-3170
南あわじ市消費生活センター
　0799-43-5099
淡路市消費生活センター
　0799-70-1141
加東市消費生活相談コーナー
　0795-48-3528

猪名川町消費生活相談コーナー
　072-766-1110
稲美町危機管理課消費生活相談窓口
　079-492-9151
市川町住民環境課
　0790-26-1010
神河町住民生活課
　0790-34-0962
上郡町消費生活相談窓口
　0791-52-1115
香美町健康福祉部町民課
　0796-36-1941

香美町小代地域局健康福祉課
相談窓口
　0796-97-3111

川西市消費生活センター
　072-740-1167
三田市消費生活相談センター
　079-559-5059
篠山市消費生活センター
　079-552-1186
丹波市消費生活センター
　0795-82-1532
朝来市消費生活相談窓口
　079-672-6121
宍粟市消費生活センター
　0790-63-2225
たつの市市民生活部なんでも相談
課
　0791-64-3250
多可町消費生活センター
　0795-32-4777
播磨町消費生活相談コーナー
　079-435-1999
福崎町立生活科学センター
　0790-22-4977
太子町生活福祉部生活環境課
　079-277-1015
佐用町消費生活センター
　0790-82-0670
香美町村岡地域局健康福祉課相談
窓口
　0796-94-0321
新温泉町役場温泉総合支所
住民福祉課消費生活相談室
　0796-92-1131

第2章 敷金等返還紛争解決のための手続

奈良県の消費生活センター

都道府県の消費生活センター

奈良県消費生活センター　　　　　　　　0742-26-0931
奈良県消費生活センター中南和相談所　　0745-22-0931

市区町村の消費生活センター

▼お住まいの地域から選択してください。
以下の地域以外の方は都道府県の消費生活センターにご相談ください。

　奈良市消費生活相談センター　　　大和高田市消費生活センター
　　0742-34-4895　　　　　　　　　　0745-22-1101
　大和郡山市消費者センター　　　　天理市消費生活センター
　　0743-53-1151　　　　　　　　　　0743-63-1001
　橿原市消費生活センター　　　　　桜井市消費生活相談窓口
　　0744-47-2360　　　　　　　　　　0744-42-9111
　御所市消費生活相談　　　　　　　生駒市消費生活センター
　　0745-62-3001　　　　　　　　　　0743-73-0550
　葛城市消費生活相談窓口　　　　　安堵町消費生活相談室
　　0745-57-2811　　　　　　　　　　0743-57-1511
　田原本町消費生活相談室　　　　　上牧町消費生活相談室
　　0744-32-2901　　　　　　　　　　0745-76-1001
　河合町消費生活相談室
　　0745-57-0200

和歌山県の消費生活センター

都道府県の消費生活センター

和歌山県消費生活センター　　　　　073-433-1551
和歌山県消費生活センター紀南支所　0739-24-0999

市区町村の消費生活センター

▼お住まいの地域から選択してください。
以下の地域以外の方は都道府県の消費生活センターにご相談ください。

　和歌山市役所市民生活相談　　　　橋本市総務部市民安全課

センター　　　　　　　　　　　　0736-33-1227
　073-435-1025
　御坊市商工振興課　　　　　　　上富田町総務政策課
　　0738-23-5531　　　　　　　　　0739-47-0550

鳥取県の消費生活センター

都道府県の消費生活センター

鳥取県立消費生活センター東部消費生活相談室　0857-26-7605
鳥取県立消費生活センター西部消費生活相談室　0859-34-2648
鳥取県立消費生活センター中部消費生活相談室　0858-22-3000

市区町村の消費生活センター

▼お住まいの地域から選択してください。
以下の地域以外の方は都道府県の消費生活センターにご相談ください。

　鳥取市市民総合相談センター　　米子市消費生活相談室
　　0857-20-3863　　　　　　　　　0859-35-6566
　倉吉市企画振興部総合政策課　　境港市消費生活相談室
　市民生活相談室　　　　　　　　　0859-47-1106
　　0858-22-2717
　岩美町役場総務課　　　　　　　智頭町くらしの相談窓口
　　0857-73-1411　　　　　　　　　0858-75-4111
　八頭町役場消費生活相談窓口　　三朝町消費生活相談室
　　0858-76-0203　　　　　　　　　0858-43-1111
　湯梨浜町役場産業振興課　　　　琴浦町消費生活相談所役場商工観光課内
　　0858-35-5383　　　　　　　　　0858-55-7801
　北栄町役場消費生活相談窓口　　日吉津村役場消費者相談窓口
　　0858-37-5864　　　　　　　　　0859-27-5951
　大山町役場住民生活課消費生　　南部町消費生活相談窓口
　活相談窓口　　　　　　　　　　　0859-64-3781
　　0859-54-5210
　伯耆町消費生活相談窓口　　　　日南町企画課
　　0859-68-3115　　　　　　　　　0859-82-1115
　江府町消費者問題相談窓口
　　0859-75-3223

第 2 章　敷金等返還紛争解決のための手続

島根県の消費生活センター

都道府県の消費生活センター

島根県消費者センター　　　　　　　0852-32-5916
島根県消費者センター石見地区相談室　0856-23-3657

市区町村の消費生活センター

▼お住まいの地域から選択してください。
以下の地域以外の方は都道府県の消費生活センターにご相談ください。

松江市消費・生活相談室 0852-55-5148	浜田市消費生活相談窓口（くらしと環境課） 0855-22-3160
出雲市総務課（生活・消費相談センター） 0853-21-6682	益田市消費生活センター 0856-22-2556
安来市消費生活センター 0854-23-3068	雲南市消費生活センター 0854-40-1123

岡山県の消費生活センター

都道府県の消費生活センター

岡山県消費生活センター　　　　　　086-226-0999
岡山県消費生活センター津山分室　　0868-23-1247

市区町村の消費生活センター

▼お住まいの地域から選択してください。
以下の地域以外の方は都道府県の消費生活センターにご相談ください。

岡山市市民局生活安全課 消費生活センター 086-803-1109	倉敷市消費生活センター 086-426-3115
津山市消費生活センター 0868-32-2057	笠岡市消費生活センター 0865-63-0999
井原市消費生活相談窓口 0866-62-9508	真庭市消費生活センター 0867-42-1112
浅口市消費生活センター	

0865-44-9035

広島県の消費生活センター

都道府県の消費生活センター

広島県環境県民局消費生活課
（広島県生活センター）　　　082-223-6111

市区町村の消費生活センター

▼お住まいの地域から選択してください。
以下の地域以外の方は都道府県の消費生活センターにご相談ください。

　広島市消費生活センター　　　　呉市消費生活センター
　　082-225-3300　　　　　　　　　0823-25-3218
　竹原市消費生活相談室　　　　　三原市消費生活センター
　　0846-22-6965　　　　　　　　　0848-67-6410
　尾道市消費生活センター　　　　福山市消費生活センター
　　0848-37-4848　　　　　　　　　084-928-1188
　三次市総合窓口センター市民生活課　庄原市消費生活センター
　総合相談係　　　　　　　　　　　0824-73-1228
　0824-62-6222
　東広島市消費生活センター　　　廿日市市消費生活センター
　　082-421-7189　　　　　　　　　0829-31-1841
　安芸高田市市民生活課　　　　　江田島市消費生活相談窓口
　消費生活相談窓口　　　　　　　　0823-40-2212
　　0826-42-1143
　府中町消費生活相談コーナー　　安芸太田町消費生活相談所
　　082-286-3128　　　　　　　　　0826-28-1973
　世羅町生活安全相談窓口　　　　神石高原町消費生活相談窓口
　　0847-22-1111　　　　　　　　　0847-89-3330

山口県の消費生活センター

都道府県の消費生活センター

山口県消費生活センター　　083-924-0999

第 2 章　敷金等返還紛争解決のための手続

市区町村の消費生活センター

▼お住まいの地域から選択してください。
以下の地域以外の方は都道府県の消費生活センターにご相談ください。

下関市消費生活センター
083-231-1270
山口市消費生活センター
083-934-7171
防府市消費生活センター
0835-25-2129
岩国市消費生活センター
0827-22-1157
長門市消費生活相談窓口
0837-23-1115
美祢市商工労働課
0837-52-5224
山陽小野田市消費生活センター
0836-82-1139
和木町企画総務課
0827-52-2136
田布施町経済課
0820-52-5805
阿武町経済課
08388-2-3114

宇部市消費生活センター
0836-34-8157
萩市消費生活センター
0838-25-0999
下松市消費生活センター
0833-44-0999
光市消費生活センター
0833-72-5511
柳井市消費生活センター
0820-22-2125
周南市消費生活センター
0834-22-8321
周防大島町商工観光課
0820-79-1003
上関町産業振興課
0820-62-0315
平生町経済課
0820-56-7117

徳島県の消費生活センター

都道府県の消費生活センター

徳島県消費者情報センター　088-623-0110

市区町村の消費生活センター

▼お住まいの地域から選択してください。
以下の地域以外の方は都道府県の消費生活センターにご相談ください。

徳島市消費生活センター
088-625-2326

鳴門市消費生活センター
088-686-3776

第1節　紛争処理機関等の利用

　　小松島市消費生活センター　　　阿南市消費生活センター
　　　0885-38-6880　　　　　　　　　0884-24-3251
　　美馬市消費生活センター　　　　板野町消費生活相談所
　　　0883-53-1541　　　　　　　　　088-672-6099
　　上板町消費生活相談窓口
　　　088-694-6816

香川県の消費生活センター

都道府県の消費生活センター

香川県消費生活センター　　　087-833-0999
香川県中讃県民センター　　　0877-62-9600
香川県西讃県民センター　　　0875-25-5135
香川県東讃県民センター　　　0879-42-1200
香川県小豆県民センター　　　0879-62-2269

市区町村の消費生活センター

▼お住まいの地域から選択してください。
以下の地域以外の方は都道府県の消費生活センターにご相談ください。
　　高松市消費生活センター　　　観音寺市経済部商工観光課
　　　087-839-2066　　　　　　　　0875-23-3933

愛媛県の消費生活センター

都道府県の消費生活センター

愛媛県消費生活センター　　089-925-3700

市区町村の消費生活センター

▼お住まいの地域から選択してください。
以下の地域以外の方は都道府県の消費生活センターにご相談ください。
　　松山市消費生活センター　　　今治市役所市民生活課市民相談室
　　　089-948-6382　　　　　　　　消費生活相談窓口
　　　　　　　　　　　　　　　　　0898-36-1531
　　宇和島市消費生活センター　　八幡浜市消費生活センター
　　　0895-20-1075　　　　　　　　0894-22-5971

新居浜市消費生活センター
0897-65-1206
西条市消費生活相談窓口
0897-52-1495
大洲市消費生活センター
0893-24-1790
伊予市消費者相談窓口
089-982-1289
四国中央市生活行政相談室
0896-28-6143
西予市消費生活センター
0894-62-6408
東温市消費生活相談窓口
089-964-4400
上島町消費者相談窓口
0897-75-2500
久万高原町役場住民課
0892-21-1111
松前町消費生活相談窓口（産業課内）
089-985-4120
砥部町消費者相談窓口
089-962-2367
内子町消費生活相談窓口
0893-44-5026
伊方町役場町民課住民生活室
0894-38-0211
松野町産業振興課
0895-42-1116
鬼北町消費生活相談窓口
0895-45-1111
愛南町消費生活相談窓口
0895-72-1405

高知県の消費生活センター

都道府県の消費生活センター

高知県立消費生活センター　088-824-0999

市区町村の消費生活センター

▼お住まいの地域から選択してください。
以下の地域以外の方は都道府県の消費生活センターにご相談ください。

高知市消費生活センター
088-823-9433
南国市消費生活センター
088-880-6205
四万十市消費生活センター
0880-34-6301
黒潮町大方総合支所産業推進室商工観光係
0880-43-2113

福岡県の消費生活センター

都道府県の消費生活センター

福岡県新社会推進部生活安全課消費生活センター　092-632-0999

市区町村の消費生活センター

▼お住まいの地域から選択してください。
以下の地域以外の方は都道府県の消費生活センターにご相談ください。

北九州市立消費生活センター
門司相談窓口
　　093-331-8383
北九州市立消費生活センター
　　093-861-0999

北九州市立消費生活センター
小倉南相談窓口
　　093-951-3610
北九州市立消費生活センター
八幡西相談窓口
　　093-641-9782
大牟田市消費生活相談窓口
　　0944-41-2623
直方市消費生活相談窓口
　　0949-25-2156
田川市消費生活相談窓口
　　0947-44-2000

筑後市消費生活相談窓口
　　0942-65-7021
行橋市消費生活センター
　　0930-23-0999
中間市消費生活相談窓口
　　093-246-5110
筑紫野市消費生活センター
　　092-923-1111
大野城市消費生活センター
　　092-580-1968
太宰府市消費生活相談窓口
　　092-921-2121
福津市消費生活相談窓口
　　0940-43-8106

北九州市立消費生活センター
若松相談窓口
　　093-761-5511
北九州市立消費生活センター
小倉北相談窓口
　　093-582-4500

北九州市立消費生活センター
八幡東相談窓口
　　093-671-3370
福岡市消費生活センター
　　092-781-0999

久留米市消費生活センター
　　0942-30-7700
飯塚市消費生活センター
　　0948-22-0857
八女市役所商工振興課
八女消費生活相談窓口
　　0943-23-1183
大川市消費生活相談窓口
　　0944-86-5105
豊前市消費生活相談窓口
　　0979-82-1111
小郡市消費生活相談室
　　0942-72-2111
春日市消費生活センター
　　092-584-1155
宗像市消費生活センター
　　0940-33-5454
古賀市消費生活相談窓口
　　092-942-1111
朝倉市消費生活センター
　　0946-52-1128

糸島市消費生活センター
0992-332-2098

遠賀町まちづくり課消費生活
相談窓口
093-293-1234

川崎町農商観光課
0947-72-3000

佐賀県の消費生活センター

都道府県の消費生活センター

佐賀県消費生活センター（佐賀県くらしの安全安心課）　0952-24-0999

市区町村の消費生活センター

▼お住まいの地域から選択してください。
以下の地域以外の方は都道府県の消費生活センターにご相談ください。

佐賀市消費生活センター
0952-40-7087

唐津市消費生活センター
0955-73-0999

鳥栖市消費生活センター
0942-85-3800

多久市役所市民生活課生活環境係
0952-75-6117

伊万里市消費生活センター
0955-23-2136

武雄市消費生活センター
0954-36-6022

小城市市民部市民課消費生活相談係
0952-72-5667

長崎県の消費生活センター

都道府県の消費生活センター

長崎県食品安全・消費生活課（長崎県消費生活センター）　095-824-0999

市区町村の消費生活センター

▼お住まいの地域から選択してください。
以下の地域以外の方は都道府県の消費生活センターにご相談ください。

長崎市消費者センター
095-829-1234

佐世保市消費生活センター
0956-22-2591

第1節　紛争処理機関等の利用

島原市消費生活センター
0957-62-9100
大村市消費生活センター
0957-52-9999
五島市消費生活センター
0959-72-6144
南島原市消費生活センター
0957-82-3010
諫早市消費生活センター
0957-22-3113
松浦市消費生活相談室
0956-72-1111
雲仙市消費生活センター
0957-38-7830
波佐見町商工企画課
0956-85-2111

熊本県の消費生活センター

都道府県の消費生活センター

熊本県環境生活部県民生活局消費生活課（熊本県消費生活センター）
096-383-0999

市区町村の消費生活センター

▼お住まいの地域から選択してください。
以下の地域以外の方は都道府県の消費生活センターにご相談ください。

熊本市消費者センター
096-353-2500
人吉市消費生活センター
0966-22-2111
水俣市消費生活センター
0966-61-1333
山鹿市消費生活センター
0968-43-1413
宇土市消費生活センター
0964-22-1111
宇城市消費生活センター
0964-33-8277
天草市消費生活センター
0969-32-6677
南関町消費者相談窓口
0968-53-1111
菊陽町役場総合政策課
096-232-2112
八代市消費生活センター
0965-33-4162
荒尾市役所産業振興課消費生活相談室
0968-63-1173
玉名市消費生活センター
0968-75-1422
菊池市消費生活センター
0968-36-9450
上天草市消費生活センター
0964-56-0783
阿蘇市消費生活相談室
0967-22-3364
合志市消費生活センター
096-248-1112
大津町消費生活相談窓口
096-293-3111
御船町役場総務課
096-282-1111

179

第2章　敷金等返還紛争解決のための手続

嘉島町役場総務課
096-237-1111
甲佐町福祉課
096-234-1111
錦町役場住民福祉課町民相談室
0966-38-1112

益城町役場
096-286-3111
津奈木町消費生活相談窓口
0966-83-8061
多良木町消費者相談窓口
0966-42-1268

大分県の消費生活センター

都道府県の消費生活センター

大分県消費生活・男女共同参画プラザ　097-534-0999

市区町村の消費生活センター

▼お住まいの地域から選択してください。
以下の地域以外の方は都道府県の消費生活センターにご相談ください。

大分市市民活動・消費生活センター（ライフパル）
097-534-6145
中津市役所商工振興課
0979-22-1120
佐伯市役所公聴広報課
0972-22-3399
津久見市市民生活課
0972-82-2008
豊後高田市役所市民課市民相談係
0978-22-3100
宇佐市消費生活センター
0978-25-5581
由布市商工観光課消費生活相談窓口
0977-84-3111
日出町総務課消費生活相談窓口

別府市商工課
0977-21-1132
日田市役所商工労政課
0973-22-9393
臼杵市人権同和広聴課
0972-63-8953
竹田市役所市民課
0974-63-4834
杵築市役所商工観光課
0978-62-3131
豊後大野市消費生活センター
0974-22-1018
国東市商工観光課
0978-72-5168
九重町消費生活相談窓口
0973-76-3150

0977-73-3150

宮崎県の消費生活センター

都道府県の消費生活センター

宮崎県消費生活センター　　　　　0985-25-0999
宮崎県消費生活センター都城支所　0986-24-0999
宮崎県消費生活センター延岡支所　0982-31-0999

市区町村の消費生活センター

▼お住まいの地域から選択してください。
以下の地域以外の方は都道府県の消費生活センターにご相談ください。

宮崎市地域振興部生活安全課消費生活センター	都城市消費生活センター
0985-21-1755	0986-23-7154
日南市市民部協働課生活環境係	日向市消費生活センター
0987-31-1125	0982-55-9111
新富町町民こども課	椎葉村総務課
0983-33-6071	0982-67-3201

鹿児島県の消費生活センター

都道府県の消費生活センター

鹿児島県消費生活センター　　　099-224-0999
鹿児島県大島消費生活相談所　　0997-52-0999

市区町村の消費生活センター

▼お住まいの地域から選択してください。
以下の地域以外の方は都道府県の消費生活センターにご相談ください。

鹿児島市消費生活センター	鹿屋市消費生活センター
099-252-1919	0994-43-2111
枕崎市消費生活相談室	阿久根市水産商工観光課
0993-72-1111	0996-73-1211
出水市消費生活相談窓口	指宿市消費生活センター
0996-63-6203	0993-22-2334

第2章 敷金等返還紛争解決のための手続

西之表市消費生活センター
　0997-22-1111
薩摩川内市総合相談窓口
　0996-23-0808
曽於市経済課消費生活相談窓口
　0986-76-8823
いちき串木野市消費生活相談窓口
　0996-32-3111
志布志市消費生活相談窓口
　099-474-1111
南九州市消費生活相談窓口
　0993-83-2511
姶良市消費生活センター
　0995-66-3111
東串良町企画課
　0994-63-3131
瀬戸内町役場まちづくり観光課
　0997-72-1115
与論町役場商工観光課
　0997-97-4902

垂水市消費生活センター
　0994-32-1295
日置市消費生活相談窓口
　099-273-2172
霧島市消費生活センター
　0995-64-0964
南さつま市消費生活相談窓口
　0993-53-2111
奄美市役所市民部市民協働推進
課市民生活係
　0997-52-1111
伊佐市消費生活相談窓口
　0995-23-1311
湧水町役場商工観光課
　0995-74-3111
中種子町役場企画課地域振興係
　0997-27-1111
和泊町企画課相談窓口
　0997-84-3512

沖縄県の消費生活センター

都道府県の消費生活センター

沖縄県県民生活センター　　　　　098-863-9214
沖縄県県民生活センター八重山分室　0980-82-1289
沖縄県県民生活センター宮古分室　　098-072-0199

市区町村の消費生活センター

▼お住まいの地域から選択してください。
以下の地域以外の方は都道府県の消費生活センターにご相談ください。
　那覇市市民生活相談室消費生活相談　　宜野湾市役所市民生活課
　　098-862-3278　　　　　　　　　　　098-893-4411
　沖縄市市民生活課消費生活相談
　　098-929-3140

第1節 紛争処理機関等の利用

第3 仲　裁

　仲裁とは、一定の法律関係に関する紛争の処理を、第三者である仲裁人の判断に委ねる旨の合意に基づいて行われる紛争解決方法である。全国の弁護士会の「紛争解決センター」でも、賃貸住宅に関する原状回復、敷金返還等請求に関する仲裁が行われている（原状回復トラブルとガイドライン（再改訂）34頁、〔再改訂〕賃貸住宅原状回復ガイドライン44頁）。

［資料7］　全国の「紛争解決センター」一覧（平成23年12月末現在）

地方	都道府県	センター名
北海道	北海道	札幌弁護士会　紛争解決センター
東北	宮城県	仙台弁護士会　紛争解決支援センター (022-223-1005)
	山形県	山形県弁護士会　示談あっせんセンター (023-635-3648)
	福島県	福島県弁護士会　示談あっせんセンター
関東	東京都	東京弁護士会　紛争解決センター
		第一東京弁護士会　仲裁センター (03-3595-8588)
		第二東京弁護士会　仲裁センター (第二東京弁護士会　03-3581-2255)
	神奈川県	横浜弁護士会　紛争解決センター (045-211-7716)
	埼玉県	埼玉弁護士会　示談あっせん・仲裁センター (048-710-5666)
	山梨県	山梨県弁護士会　民事紛争処理センター (山梨県弁護士会　055-235-7202)
	新潟県	新潟県弁護士会　示談あっせんセンター
	静岡県	静岡県弁護士会　あっせん・仲裁センター

183

中部	富山県	富山県弁護士会　紛争解決センター （富山県弁護士会　076-421-4811）
	愛知県	愛知県弁護士会　紛争解決センター (052-203-1777)
		愛知県弁護士会　紛争解決センター　西三河支部
	岐阜県	岐阜県弁護士会　示談あっせんセンター （岐阜県弁護士会　058-265-0020）
	石川県	金沢弁護士会　紛争解決センター （金沢弁護士会　076-221-0242）
近畿	大阪府	公益社団法人　総合紛争解決センター (06-6364-7644)
	京都府	京都弁護士会　紛争解決センター (075-231-2378)
	兵庫県	兵庫県弁護士会　紛争解決センター (078-341-8227)
	奈良県	奈良弁護士会　仲裁センター （奈良弁護士会　0742-22-2035）
中国	広島県	広島弁護士会　仲裁センター （広島弁護士会　082－225－1600）
	岡山県	岡山弁護士会　岡山仲裁センター 岡山弁護士会　行政仲裁センター岡山 岡山弁護士会　医療仲裁センター岡山
	島根県	石見法律相談センター (0855-22-4514)
四国	愛媛県	愛媛弁護士会　紛争解決センター (089-941-6279)
九州	福岡県	福岡県弁護士会　紛争解決センター（天神弁護士センター） (092-741-3208)
		福岡県弁護士会　北九州法律相談センター (093-561-0360)
		福岡県弁護士会　久留米法律相談センター (0942-30-0144)

熊本県	熊本県弁護士会　紛争解決センター （熊本県弁護士会　096-325-0913）
鹿児島県	鹿児島県弁護士会　紛争解決センター （鹿児島県弁護士会　099-226-3765）

※日本弁護士連合会HPより

第2節　民事調停

第1　民事調停の申立て

　建物賃貸借に基づく敷金等返還の紛争については、裁判所に民事調停の申立てをすることもできる。

　民事調停は、民事に関する紛争について、裁判所の調停機関（裁判官と一般市民から選ばれた調停委員2人以上で組織する調停委員会）が間に入り、当事者間の互譲によって、条理にかない実情に即した解決を図ることを目的としたものである（民調1条）。

　敷金等返還紛争の訴訟においては、その申立書である訴状には、自己の請求を基礎づける法的請求の原因の記載が要求されている（民訴133条2項2号）。そして、その記載が欠ける場合には、その不備の補正を命じられ（民訴137条1項前段）、その不備の補正がないときは、訴状が却下されることになる（民訴137条2項）[*6]。これに対し、民事調停においては、申立書には、紛争の要点を記載することで足りるとされ（民調規2条）、事案によっては、訴訟で解決するより、迅速で当事者に負担の少ない解決が図れると思われる（原状回復トラブルとガイドライン（再改訂）33頁・125頁（資料4）、〔再改訂〕

---

　*6　簡易裁判所では、訴え提起時においては、請求の原因に代えて紛争の要点を明らかにすれば足りるとされており（民訴272条）、紛争の要点だけで請求原因が特定されていない場合、補正を命じて訴状却下命令を出すことはできないが、口頭弁論終結時までに請求が特定されていない場合、訴え却下の判決をすることになる。

賃貸住宅原状回復ガイドライン43頁・147頁（資料４））。

　では、どのような事件について、民事調停の申立てをすべきであろうか。これについては、法的争点がないかそれがわずかであり、弁護士代理人を付けることが困難である事情があり、当事者の話をじっくり聞くことによって、事件の解決が図れるような事件については、民事調停の申立てをすべきではないかと思われる。

　なお、宅地または建物の賃借その他の利用関係の紛争に関する調停事件については、宅地建物調停事件として行われる（民調24条）が、宅地建物の利用関係が法律上も事実上も終了した後の敷金返還請求をする場合は、それに該当しないので、一般民事調停となる（大阪簡裁民事調停の手続と書式（判タ1130号）73頁）。

　調停の申立てをする際には、賃貸借契約書、敷金領収書等、明渡時の室内の写真等の敷金返還請求権を証明する証拠がある場合には、その原本または写しを提出しなければならないとされている（民調規２条）（大阪簡裁民事調停の手続と書式（判タ1130号）60頁）。

第２　民事調停の管轄〔申立先〕

　民事調停事件は、基本的には、相手方の住所、居所、営業所もしくは事務所の所在地を管轄する簡易裁判所に申し立てることになる（民調３条前段）。当事者間で合意すれば、当事者が合意で定めた地方裁判所または簡易裁判所に申立てをすることができる（民調３条後段）。

　宅地または建物の賃借その他の利用関係の紛争に関する宅地建物調停事件については、紛争の目的である宅地または建物の所在地を管轄する簡易裁判所にも申立てをすることができる（民調24条）が、宅地建物の利用関係が法律上も事実上も終了した後の敷金返還請求をする場合は、これに該当しないので（大阪簡裁民事調停の手続と書式（判タ1130号）73頁）、原則に戻り、相手方の住所、居所、営業所もしくは事務所の所在地を管轄する簡易裁判所に申

し立てることになる（民調3条前段）。

第3　調停調書の効力

調停が成立した場合、その調停調書は、裁判上の和解と同一の効力を有し（民調16条）、確定判決と同一の効力を有することになり（民訴267条）、債務者の財産に対する強制執行をすることができる文書である債務名義となる（民執22条7号）。

第4　調停不成立の場合の訴訟の提起

調停申立人が調停不成立の通知を受けた日から2週間以内に調停の目的となった請求について訴えを提起したときは、調停申立時にその訴えの提起があったものとみなされる（民調19条）。そして、調停申立時に納付した手数料額は、訴え提起の段階では納めたものとみなされて（民訴費5条1項）、訴え提起の際に納付すべき手数料額から控除することができる。この場合、訴え提起時に、当該調停の内容、納めた手数料額および不成立の通知を受けた日についての証明書を添付する必要がある。

第3節　敷金等返還請求関係訴訟

第1　訴訟手続の種類・選択

1　訴訟手続

裁判所における訴訟手続には、通常訴訟と少額訴訟がある。その他に、債権者の一方的主張に基づき、相手方である債務者の主張を聞かずに（民訴386条1項）、裁判所書記官が支払督促を発令する、特別訴訟（略式訴訟）である督促手続がある。

建物賃貸借に基づく敷金等返還の紛争について、調停等を経ずに、いきな

り訴訟手続をすることもできる。

2　督促手続の選択

　督促手続は、債権者の一方的主張に基づき、相手方である債務者の主張を聞かずに（民訴386条1項）、簡易・迅速に、強制執行をすることができる文書（債務名義）となる仮執行宣言付支払督促（民執22条4号）を得させる手続である。したがって、相手方と話をし、場合によっては和解等も考えているような場合には、その目的を達することはできない。また、たとえば、敷金等返還の相手方である賃貸人が、その敷金等返還を争うような場合は、当然裁判所書記官が発した支払督促に対し督促異議申立てをすることになると思われ（民訴390条・393条）、そうなると督促手続は訴訟手続に移行することになり（民訴395条）、督促手続を利用した意味が失われてしまう。

　したがって、たとえば、相手方である賃貸人が、賃借人の原状回復の範囲や敷金等返還の金額を含め敷金等返還を争わず、ただ賃貸人の怠慢、履行意思の欠如または資金不足等により履行しないような場合に、督促手続を利用し、仮執行宣言付支払督促を得て、それを基に賃貸人側に支払いを促したり、あるいは、賃貸人側に債権等の財産があり、それを差し押さえて強制的に敷金等返還を受けることを考えているような場合には、意味があると思われる。

3　通常訴訟手続の選択

　では、どのような敷金等返還の紛争について、民事調停等を経ずに、通常訴訟手続をすべきなのであろうか。これについては、賃借人の原状回復の範囲、敷金等返還の額等に争いがあり、その点について、ある程度裁判所の判断がないと話し合いをする余地もないような事件については、民事調停を経ずに、通常訴訟手続をするのが相当であると思われる。

【書式6】 通常訴訟における敷金返還請求事件の請求の趣旨・原因

(敷金・保証金返還)

請求の趣旨及び原因

請求の趣旨
1 被告　　は，原告　　　に対し，　　　　次の金員を支払え。
　　金　　　　　　　　円（請求の原因5の残額）
　　上記金額　　　　　　　　に対する平成　年　月　日か
　ら完済まで年　％の割合による遅延損害金
2 訴訟費用は被告　　の負担とする。
との判決及び仮執行の宣言を求める。

請求の原因
1(1)契約の日　平成　年　月　日
　(2)契約の内容　①原告は，被告から次のとおり物件を賃借する。原告
　　　　は，被告に対しこの賃貸借に際して敷金（保証金）を支
　　　　払う旨約し，同日敷金（保証金）　　　円を被告
　　　　に交付した。
　　　　（賃貸借契約の表示）
　　　　　　ア　物件
　　　　　　イ　賃料（共益費を含む）　月額　　　円
　　　　　　ウ　期間 □　　年　　□定めなし
　　　　②敷金（保証金）の返還時期
　　　　　　□物件明渡しから　か月後　□なし
2 被告は，原告に対し，上記物件を引き渡した。
3 上記賃貸借契約の終了日　平成　年　月　日
4 原告は，被告に対し，平成　年　月　日上記物件を明け渡し，
　かつ同日までに上記賃貸借契約から発生した賃料債務及び明渡し時まで
　の賃料相当損害金債務を履行した（□　ただし，5記載の控除すべき額
　を除く。）。
5

敷金(保証金)の額	控除すべき額	支払済みの額	残　額
円	円 (内訳) □　滞納賃料，賃料相当	円	円

189

第2章　敷金返還紛争解決のための手続

| | 損害金など
　　　　　　円
□　（　　　）
　　　　　　円 | | |

4　少額訴訟手続の選択

　訴訟手続には、少額訴訟手続がある。これは、証拠は即時に取り調べることができるものに限定され（民訴371条）、原則として1回の期日で審理を完了することを予定しており（民訴370条）、訴訟物の価額も60万円以下と定められている（民訴368条1項）。賃借人の原状回復の範囲、敷金返還の額等の争いが複雑でなく、証拠もすぐに揃えることのできる、60万円以下の金銭の支払いを求める敷金返還の紛争は、少額訴訟で行うのが相当であると思われる。

　少額訴訟は、原則として1回の期日で審理を完了することを予定しているので、申立てをする原告は、申立段階で、訴状等において主張すべきことをすべて主張し、証拠もすべて揃えておく必要がある。

　具体的には、たとえば、賃貸借契約書、敷金交付の領収書等、入退去時のチェックリスト・写真等、賃貸人から請求された修理・クリーニングの見積書・領収書、建物の間取り図、賃貸建物使用状況・明渡時の状況等についての陳述書等の証拠が必要になり、それがすぐに揃えられ、賃借人の原状回復の範囲、敷金返還の額等の争いが複雑でないような事件は、少額訴訟で行うのが相当であると思われる。

　これに対して、賃借人の原状回復の範囲、敷金返還の額等の争いが複雑な事件で、1回の期日で審理を完了することは難しい事件については、通常訴訟で処理するのが相当であろう。

　なお、少額訴訟においては、通常の訴訟では認められている被告の損害に

ついての反訴が禁止されており（民訴369条）、少額訴訟判決に不服がある場合の不服申立ては、異議申立てができるのみで（民訴378条）、異議申立てがあれば同一の簡易裁判所でさらに少額異議審として審理をすることができるだけで、その異議審の判決に対しては不服申立てができないとされ（民訴380条）、通常の訴訟での判決に対する不服申立てである控訴・上告ができず、他の裁判所での再審理はできないことになっている。したがって、少額訴訟を選択するには、その点も考慮すべきである。

【書式7】 少額訴訟の訴状書式——敷金返還

訴　　状

【事　件　名】
　　□賃金　□売買代金　□請負代金　□敷金返還　□賃料　□賃金
　　□解雇予告手当　□損害賠償（物損）　□入会預託金返還　□マンション管理費　□損害賠償（原状回復費用〔建物〕）　□
　　□
　　請　求　事　件

□少額訴訟による審理及び裁判を求めます。本年，私がこの裁判所において少額訴訟による審理及び裁判を求めるのは　　回目です。

　　平成　　年　　月　　日

　　　　原　告　　　　　　　　　　　　　　　　　　　　　　印

○○簡易裁判所　　御中

	訴額	円	収入印紙
受付印	手数料	円	
	印紙	円	
	予納郵券	円	

192

当事者の表示

原　告
　住　所　〒　　－

　氏　名

　TEL　　　　－　　　－　　　　FAX　　　－　　　－
　携帯電話　　　　－　　　－

　原告に対する書類の送達は，次の場所に宛てて行って下さい。
　　□上記住所等
　　□勤務先　住　所　〒　　－
　　　　　　　名　称
　　　　　　　TEL　　　　－　　　－
　　□その他の場所（原告との関係　　　　　　　　　　　　　）
　　　　住　所　〒　　－
　　　　TEL　　　　－　　　－
　　原告に対する書類の送達は，次の人に宛てて行って下さい（送達受取人）。
　　　氏　名
被　告
　住　所　〒　　－

　氏　名

　TEL　　　　－　　　－　　　　FAX　　　－　　　－
　携帯電話　　　　－　　　－
　　（勤務先）□次のとおり　　　　　　　□不明
　　　　住　所　〒　　－
　　　　名　称
　　　　TEL　　　　－　　　－

(敷金返還)

請　求　の　趣　旨
被告　は，原告に対して，次の金員を支払え。 □1　請求額　金　　　　　　　　円 　　　　　　　　　　　□平成　　年　　月　　日 □2　上記1の金額に対する□訴状送達の日の翌日 　　　　　　　　から支払済みまで年　　％の割合による遅延損害金（□約定利率□法定利率）

	紛　争　の　要　点	
1	賃貸借契約日	平成　　年　　月　　日
2	目的物件の表示	所在 名称　　　　　　　　　　　　室番号
3	預入敷金額	金　　　　　　　　　　円
4	賃貸借終了日	平成　　年　　月　　日
5	物件明渡の日	平成　　年　　月　　日
6	そ　の　他	□返還済みの金額　　　　　　　　円 □敷金から控除を認める金額　　　　　　円 □
7	添　付　書　類	□賃貸借契約書□重要事項説明書□敷金の預り証 □建物（部屋）の間取図□内容証明郵便と配達証明 □敷金の精算書□振込金受取書 □建物（部屋）の明渡し時の室内の写真 □補修・クリーニング等の見積書と領収書 □

【書式8】 少額訴訟の答弁書書式
①

○○簡易裁判所○係○○　御中
事件番号　平成○年（少コ）第○○号
　　　　　　　　　　口頭弁論期日　平成○年○月○日（○）午後○時○分
事 件 名　敷金返還請求事件
原　　　告　○○○○
被　　　告　○○○○

答　弁　書

平成　　年　　月　　日

住所　〒

　　　　　_____
氏名（会社の場合は，会社名・代表者名まで記入してください。）
　　　　　　　　　　　　　　　　　　　　　　　　　　　　　㊞
　　　　電話番号（　　）　―　　　FAX（　　）　―
1　**書類の送達場所の届出**（□にレ点を付けてください。）
　　私に対する書類は，次の場所宛に送ってください。
　　　□　上記の場所（アパートやマンションの場合は，棟・号室まで記入のこと。）
　　　□　上記の場所以外の下記場所（勤務先の場合は，会社名も記入のこと。）
住所　〒

　　　　　_____
　　　　電話番号（　　）　―　　　FAX（　　）　―
　　この場所は，□勤務先，□営業所，□その他（私との関係は　　　　）
　　です。
2　**送達受取人の届出**（希望者のみ）
　　私に対する書類は，（氏名）　　　　　　　　　　宛に送ってください。
3　**請求に対する答弁**（□にレ点を付けてください。）
　　訴状（支払督促申立書）の請求の原因（紛争の要点）に書かれた事実について，
　□　認めます。
　□　間違っている部分があります。

☐ 知らない部分があります。

4　私の言い分（☐にレ点を付けてください。）
　　☐　私の言い分は次のとおりです。

　　☐　話し合いによる解決（和解）を希望します。
　　　　☐　分割払いを希望します。
　　　　　　平成　　年　　月から，毎月　　日までに金　　　　円ずつ支払う。
　　　　☐　その他の案

（※枠内に納まらない場合は，別の用紙を利用し，この用紙に添付してください。）

②

```
平成　　年（少コ）第　　　号　　　　　　　　請求事件
　　　　　　　　　　　　　　　原　告＿＿＿＿＿＿＿＿＿＿
　　　　　　　　　　　　　　　被　告＿＿＿＿＿＿＿＿＿＿

　　　　　　　　　　答　弁　書
　　　　　　　　　　　　　　平成　　　年　　　月　　　日
㊒
住　　所

氏　　名　　　　　　　　　　　　　　　印

　　　TEL　　　　　　　　　　　Fax
　　　携帯電話
　私に対する書類は，次の場所にあてて送達してください。
　　□上記住所
　　□勤務先（就業場所）
　　　　名　称
　　　　㊒
　　　　所在地
　　　　　TEL　　　　　　　　　　Fax
　　□その他（被告との関係　　　　　　　　　　　　）
　　　　㊒
　　　　住所
　　　　　TEL　　　　　　　　　　Fax

□この送達のあて名は，私の代わりに，次の者にしてください。
　（注：送達受取人を定める場合）
　　氏名（　　　　　　　　　　　　　　　）

○○簡易裁判所民事○係　御中
※　該当する□に✓を記入してください。
※　2部作成し，それぞれに押印したものを送ってください。
```

1　紛争の要点（請求の原因）に対する意見
　　□　紛争の要点（請求の原因）に書かれている事実は，すべて間違いありません。
　　（注：2以下についても記入してください。）
　　□　紛争の要点（請求の原因）に書かれている事実のうち，次の部分が間違っています。

　　□　その他の私の意見

2　本件債務の支払についての希望
　　□　分割支払
　　　　　毎月　　　日限り　　　　　　金　　　　　　円ずつ

　　　　　賞与月（　　月，　　月，　　月）に金　　　　　　円ずつ
　　□　一括支払　平成　　年　　月　　日限り
　　□　その他の支払方法（具体的に記入してください。）

　　（上記支払を希望する理由）
　　□　月　収　　　　　　金　　　　　　円程度
　　□　借入金・負債あり　金　　　　　　円くらい
　　□　その他

5　訴訟事件の管轄～訴訟事件の申立裁判所

(1)　事物管轄～訴え提起をする第一審裁判所
ア　通常訴訟の事物管轄～通常訴訟の第一審裁判所

　通常訴訟の事物管轄は、訴訟物の価額が140万円を超えない事件は簡易裁判所にあり（裁判所法33条1項1号）、訴訟物の価額が140万円を超える事件については地方裁判所にあり（裁判所法24条1号）、それぞれその裁判所に申立てをすることになる。

　訴訟物の価額は、敷金返還請求の場合は、遅延損害金を除く返還を求める敷金額〔主たる請求の額〕が訴訟物の価額になる。

イ　少額訴訟の事物管轄～少額訴訟の審理裁判所

　少額訴訟は、簡易裁判所の事物管轄に属し（民訴368条1項）、簡易裁判所に申立てをすることになる。

(2)　土地管轄～訴え提起をする裁判所の場所
ア　被告の普通裁判籍（住所等）所在地を管轄する裁判所への訴え提起

　訴えは、原則として、被告の普通裁判籍である住所等の所在地を管轄する裁判所の管轄に属し（民訴4条1項・2項）、その被告である賃貸人の住所を管轄する裁判所に申立てをすることになる。

イ　義務履行地を管轄する裁判所への訴え提起

　財産権上の訴えは、義務履行地を管轄する裁判所に訴えを提起することができる（民訴5条1号）。損害賠償請求権は金銭債権であり、別段の意思表示がない限り、債権者の現在の住所で弁済しなければならない持参債務とされており（民法484条）、建物賃貸借に基づく敷金返還債務の義務履行地は、債権者である原告（賃借人）の住所地となる。したがって、原告（賃借人）の住所地を管轄する裁判所にも訴えを提起することができる（コンメ民訴Ⅰ〔2版〕109頁）。

6　申立手数料の納付

訴えの提起においては、申立手数料を納めなければならない（民訴費3条・別表第1・1）。

申立手数料は、訴状に収入印紙を貼って納めなければならない（民訴費8条本文）。手数料の額が100万円を超えるときは、現金をもって納めることができる（民訴費8条但書、民訴費規4条の2第1項）。

7　郵便切手等の納付

訴え提起に際しては、相手方である被告への訴状送達・呼出等の手続進行のための郵便切手等を納めなければならない（民訴費11条〜13条）。

8　訴状副本、書証の写しの添付

訴え提起時には、訴状原本のほかに、相手方である被告に送達される訴状副本（民訴規58条1項）、立証を要する事項についての書証の写しで重要なもの（民訴規55条）を添付しなければならない。

9　訴訟における主張立証の構造等

訴訟においては、申立人である原告が、自己の主張する請求権の発生を基礎づける具体的事実である請求原因を主張立証する必要がある。

請求原因と両立する具体的事実で、請求原因から発生する法的効果を排斥するものが抗弁となり、それは被告側が主張立証する必要がある。そして、抗弁と両立する具体的事実であって、抗弁から発生する法律効果を排斥するものが再抗弁となり、それは原告側が主張立証する必要がある。以下、再抗弁と再々抗弁との関係、再々抗弁と再々々抗弁との関係等、同様の関係で続くことになる。

請求原因事実を相手方である被告が、争わないか、争いがあるときでもそ

の事実の存在を原告が証明した場合、被告側が、抗弁事実を主張立証しない限り、原告の請求が認められることになる。そして、請求原因事実を相手方である被告が、争わないか、争いがあるときでもその事実の存在を原告が証明し、抗弁事実を原告が、争わないか、争いがあるときでもその事実の存在を被告が証明した場合は、原告側が、再抗弁事実を主張立証しない限り、原告の請求が認められないことになる。以下、再々抗弁、再々々抗弁と、同様の関係で続くことになる。

以下、敷金返還請求訴訟において、主張すべき事実および証拠等について説明する。何を主張し、何を証拠として提出すべきかについては、通常訴訟も少額訴訟も同様であると思われるので、以下の説明は、通常訴訟および少額訴訟に共通するものである。

通常訴訟と少額訴訟で違いがあるものについては、その都度、説明するものとする。

10 証拠の収集

(1) 書証等の提出

証拠のうちの書証については、原告提出のものは、甲号証として、甲第1号証、甲第2号証……という番号を付して特定し、被告提出のものは、乙号証として、乙第1号証、乙第2号証……という番号を付して特定をしている。

書証は、写し2通（相手方が複数のときは、相手方の数に1を加えた通数）を裁判所に提出する（民訴規137条1項）。書証の内容がわかりにくいときは、裁判所から、証拠説明書の提出が求められることがある（民訴規137条1項）。

なお、少額訴訟の場合は、原則として1回の期日で終了することになるので（民訴370条1項）、訴状とともに、下記(2)で述べる敷金返還請求訴訟における主な証拠を提出し、訴状送達および被告に対する期日呼出とともに、送達しなければならない（民訴370条2項）。

(2) 敷金返還請求訴訟における主な証拠

敷金返還請求訴訟における主な証拠としては、以下のものがある（大阪簡裁民事調停の手続と書式（判タ1130号）60頁（3））。

ア　建物賃貸借契約書

敷金契約は、賃貸借契約に従属する契約であり（最判昭53．12．22民集32巻9号1768頁）、賃貸借契約が成立しなければ、敷金契約も成立しないとされているため（民事訴訟における要件事実2巻164頁）、賃貸借契約書を証拠として提出する必要がある（第1章第1節第1・2の【書式1】賃貸住宅標準契約書（6頁）参照）。

イ　敷金交付の領収証等

賃貸借契約に基づいて、賃借人が賃貸人に対して敷金を交付していなければ、賃借人の賃貸人に対する敷金返還請求権は発生しないので、敷金交付の領収証等を証拠として提出する必要がある（下記第2・2(1)ウ（204頁）参照）。

ウ　入居時・退去時のチェックリスト・写真等

入居時および退去時に、賃貸人・賃借人双方が立ち会い、賃貸物件のチェックリストを作成したり、写真を撮るなどして、賃貸物件の状況を明確にしておいた場合、それらは入居時および退去時の原状を証する客観的な証拠となる（原状回復トラブルとガイドライン（再改訂）3頁・37頁Q1、〔再改訂〕賃貸住宅原状回復ガイドライン4頁・47頁Q1、Q&A賃貸住宅原状回復ガイドラインの解説25頁）。

入居時および退去時に、賃貸人・賃借人双方が立ち会って、賃貸物件のチェックリストの作成や写真を撮ったりしなかった場合でも、賃貸人や賃借人としては、入居時および退去時の原状を写真に撮っておくことが大事である。特に、賃借人の敷金返還請求に対し、賃貸人としては、賃料・賃料相当損害金債務以外の損害金の敷金からの控除の抗弁の主張立証責任があるので（下記第2・3(1)（205頁）参照）、退去時の写真等を撮らずに、原状回復をし

てしまうと、賃借人の用法順守義務違反による損害についての客観的証拠がなくなってしまい、賃借人の用法順守義務違反による損害の抗弁の主張が認められないことになってしまう。

なお、入居時・退去時の物件状況および原状回復確認リストの例については、【書式3】(71頁)、【書式4】(75頁)を参照されたい。

エ　明渡し・退去確認書等

賃貸建物の明渡し・退去の証拠としては、賃貸人や仲介・管理業者作成の明渡し・退去確認書、引越しの見積書・請求書等を提出する（加藤・簡裁民事事件の考え方と実務〔4版〕300頁）。

オ　賃貸人から請求された修理・クリーニングの見積書・領収書

敷金返還を請求している賃借人が、賃貸人から修理費やクリーニング費用の請求を受けているときは、その賃貸人から請求された修理・クリーニングの見積書・領収書を提出する。

カ　建物の間取り図

敷金返還を請求している賃借人が、賃貸人から賃貸建物の損耗等部分の修理費等の請求を受けている場合、その損耗等がどのようにして生じたかを判断するうえで、賃貸建物の間取り図も必要になってくると思われる。

キ　陳述書

その他に、賃借期間中の賃貸建物の使用状況、賃貸建物明渡時の状況等を明確にするために、それらについて記載した陳述書を提出する。

第2　敷金返還請求訴訟

1　敷金返還請求権の意義

建物賃貸借に基づいて、賃借人から賃貸人に対して交付された敷金の返還請求権は、賃貸人と賃借人との間の賃貸借終了に伴う敷金契約の終了に基づく敷金返還請求権であり、それが、賃借人が原告となり、賃貸人を被告とし

てする、敷金返還請求訴訟の訴訟物となる。

2 敷金返還請求権の請求原因

(1) 敷金返還請求権の請求原因

　敷金返還請求訴訟において、原告である賃借人が、主張しなければならない、請求原因事実は以下のとおりである（民事訴訟における要件事実［2巻］164頁・165頁、加藤ほか・要件事実の考え方と実務〔2版〕208頁、岡口・要件事実マニュアル2巻（3版）319頁Ⅱ、村田ほか・要件事実論30講〔2版〕215頁・216頁、山本ほか・敷金返還請求訴訟（市民と法51号）45頁（3）、中島ほか・少額訴訟の実務306頁）。

　ア　建物賃貸借契約の締結

　敷金契約は、賃貸借契約に従属する契約であり（最判昭53.12.22民集32巻9号1768頁・判時915号49頁）、賃貸借契約が成立しなければ、敷金契約も成立しない（民事訴訟における要件事実2巻164頁）。

　イ　アの契約に基づく賃貸建物の引渡し

　ウ　敷金授受の合意をし、これに基づいて賃借人が賃貸人に敷金を交付したこと

　敷金契約は、要物契約であると考えられており、敷金授受の合意と敷金の交付が必要となる（民事訴訟における要件事実2巻164頁・165頁、村田ほか・要件事実論30講〔2版〕215頁）。

　エ　上記アの賃貸借契約が終了したこと

　オ　賃借人が賃貸人に対し、エの賃貸借契約終了に基づき賃貸建物を返還したこと

　敷金は、賃貸建物明渡時までの未払賃料・賃料相当損害金等を担保するものであり、明渡しがあって初めて敷金返還請求権が発生する（第1章第2節第1・2（57頁）参照）。

カ　賃借人が賃貸人に対し、イからエまでの期間の賃料およびエからオまでの期間の賃料相当損害金を支払ったこと

　賃貸借が終了した場合、賃借人が賃貸人に対して負担する債務が存在するときは、敷金をもってその弁済に充てられ、引渡しから賃貸借終了までの間賃料債務と賃貸借終了後明渡しまでの間の賃料相当損害金債務が発生し、それらについても敷金の中から差し引かれるので、原告（賃借人）において、敷金の返還を求めるには、これらの賃料および賃料相当損害金を支払っている事実を主張する必要がある（加藤ほか・要件事実の考え方と実務〔2版〕208頁、村田ほか・要件事実論30講〔2版〕215頁、大島・民事裁判実務の基礎388頁）。

　(2)　付帯請求（遅延損害金）の起算日
　敷金返還について、賃貸人は、明渡日の翌日から遅滞に陥る（東京地判昭45．6．4判時612号64頁、大阪高判平21・6・12判時2055号72頁）（加藤・簡裁民事事件の考え方と実務〔4版〕294頁・295頁、岡口・要件事実マニュアル2巻〔3版〕319頁）。

3　敷金返還請求における抗弁等

　(1)　賃料債務・賃料相当損害金債務以外の敷金から控除されるべき賃借人の債務の発生原因事実についての抗弁等
　ア　敷金からの損害金控除の抗弁
　敷金返還請求権は、授受された敷金から明渡時までの未払賃料および損害金が控除された残額についてのみ発生するものであるから、賃貸人（被告）は、賃料債務・賃料相当損害金債務以外の敷金から控除されるべき損害金の発生原因事実を抗弁として主張できる。たとえば、賃借人の用法順守義務違反により賃貸人が損害を被ったこと等の事実がこれにあたる（最判昭48．2．2民集27巻1号80頁、最判平11．1．21民集53巻1号1頁）（民事訴訟における要件事実2巻165頁、加藤ほか・要件事実の考え方と実務〔2版〕209頁、岡口・要

件事実マニュアル2巻（3版）321頁）。賃借人の用法順守義務違反による損害等は、賃料・賃料相当損害金債務とは異なって、一定期間の経過によって当然に発生するものではなく、それらの債務の発生原因事実は請求原因には現れないので、敷金返還請求に対し、賃貸人においてその事実を抗弁として主張立証する必要があると考えられるのである（村田ほか・要件事実30講〔2版〕216頁、大島・民事裁判実務の基礎388頁）。

この場合、債務不履行によって発生する具体的な数額が控除されることは敷金契約の法的効果であるから、賃貸人（被告）による相殺の意思表示は不要である（大判大15．7．12民集5巻616頁）（民事訴訟における要件事実2巻165頁、岡口・要件事実マニュアル2巻（3版）321頁）。

イ　原状回復費用控除の抗弁

賃貸人（被告）の敷金からの控除の主張で、事案として最も多いのは、原状回復費用の控除の主張である（山本ほか・敷金返還請求訴訟（市民と法51号）46頁（B））。

(ｱ)　賃借人が附属させた物の撤去費用控除の抗弁

賃借人が賃借建物に附属させた物を収去しないまま賃借物を賃貸人に返還したときは、賃貸人（被告）は、賃借人の原状回復義務不履行に基づく附属物の撤去費用を、賃借人（原告）に対して請求することができる（山本ほか・敷金返還請求訴訟（市民と法51号）46頁（a））。

(ｲ)　毀損・汚損した部分の補修費用控除の抗弁

賃借人が毀損・汚損した部分の補修費用控除の抗弁として、賃貸人（被告）が主張すべき事実は、次のとおりとなる（岡口・要件事実マニュアル2巻（3版）321頁）。

a　明渡・退去時に、目的物件に、修繕・交換を必要とする限度に損耗・汚損した部分があること

b　当該損耗・汚損が、賃借人の入居期間中に発生したこと

c①　当該損耗・汚損が通常の使用により生ずる程度を超えること

または

② 損耗・汚損の修繕・交換費用について賃借人が負担するとの合意があること〔通常損耗の賃借人負担特約〕

d 賃貸人が、当該損耗・汚損した部分の修繕・交換のために費用を支出したこと

ウ 賃借人が賃貸人に対し上記ア・イの抗弁に係る債務を弁済したことの再抗弁

賃貸人（被告）の上記ア・イの抗弁について、賃借人が賃貸人に対し上記ア・イの抗弁に係る債務を弁済したことが、賃借人（原告）の再抗弁となる（民事訴訟における要件事実2巻165頁、加藤ほか・要件事実の考え方と実務〔2版〕209頁）。

(2) 敷引特約の抗弁

賃貸借が終了した際に、敷金によって賃借人が負担すべき債務の有無にかかわらず、賃貸人が敷金のうちの一定額を賃借人に返済しないことを合意することがあり、それを敷引特約という（第1章第2節第1・4(1)（58頁）参照）。

この敷引特約が、賃借人（原告）の敷金返還請求に対する、賃貸人（被告）の抗弁となる（山本ほか・敷金返還請求訴訟（市民と法51号）48頁（D））。

(3) 通常損耗の賃借人負担特約（上記(1)イ(イ) c ②（207頁）参照）**・敷引特約**（上記(2)（207頁）参照）**の消費者契約法10条による無効の再抗弁**

上記(1)イ(イ) c ②の通常損耗の賃借人負担特約および上記(2)の敷引特約については、民法の公の秩序に関しない規定の適用による場合に比し、信義則に反して、消費者である賃借人の利益を一方的に害するものというべきであり、消費者契約法10条により、全部無効であるとした裁判例があった（通常損耗の賃借人負担特約――第1章第2節第2・3(3)（109頁）参照、敷引特約――第1章第2節第1・4(2)（59頁）参照）が、敷引特約について、敷引金の額が高額すぎる場合には、賃料の額が大幅に低額であるなどの事情がない限り、

207

消費者契約法10条に該当し無効であるとした最高裁判例（最判平23．3．24（平21(受)1679）最高裁HP、最判平23．7．12（平22(受)676）最高裁HP）が出された（第1章第2節第1・4(2)（59頁）参照）。

これらの主張は、賃借人（原告）の敷金返還請求における賃貸人（被告）の当該抗弁に対する賃借人（原告）の再抗弁となる（山本ほか・敷金返還請求訴訟（市民と法51号）48頁（5））。

これについては、上記のとおり、敷引特約の最高裁判例（最判平23．3．24（平21(受)1679）最高裁HP）が出されたので、それに従って、この再抗弁を主張する場合は、通常損耗の賃借人負担の額または敷引金の額が高額すぎる旨の主張をすることになると思われる（太田・賃貸住宅管理の法的課題38頁）。

その額の評価要素として、通常損耗の賃借人負担特約と通常損耗等補修費用に充てる趣旨の敷引特約の場合は、①建物に生ずる通常損耗等の補修費用として通常予想される額、②賃料の額、③礼金等他の一時金の授受の有無およびその額等がある（太田・賃貸住宅管理の法的課題41頁）。通常損耗等補修費用に充てる趣旨の敷引特約以外の一般的敷引特約の場合は、①の評価要素が抜けることになる（最判平23．7．12（平22(受)676）最高裁HP）（太田・賃貸住宅管理の法的課題74頁・75頁）。

(4) 上記(3)に対する賃貸人の信義に反し消費者の利益を一方的に害するとはいえない特段の事情〔評価障害事由〕の再々抗弁

上記(3)の賃借人（原告）の再抗弁に対しては、上記(3)の通常損耗の賃借人負担特約（上記(1)イ(イ)c②（207頁）参照）・敷引特約（上記(2)（207頁）参照）が、消費者（賃借人・原告）の権利を制限しまたは義務を加重するとはいえない特段の事情〔評価障害事由〕があるとの賃貸人（被告）の主張が、再々抗弁となる（山本ほか・敷金返還請求訴訟（市民と法51号）49頁（6））。

これについても、上記(3)のとおり、敷引特約の最高裁判例（最判平23．3．24（平21(受)1679）最高裁HP）が出されたので、それに従って、この再々抗弁を主張する場合は、以下の主張をすることになると思われる（太田・賃貸住

宅管理の法的課題38頁・40頁・41頁）。

　ア　通常損耗の賃借人負担の額または敷引金の額が契約書に明示され賃借人が敷引特約を明確に認識していること
　イ　通常損耗の賃借人負担または通常損耗等の補修費用に充てるべき金員を敷引金として授受する旨の合意が成立したこと
　ウ　賃料が相場に比して大幅に低額であるなどの特段の事情の存在

　なお、通常損耗等補修費用に充てる趣旨の敷引特約以外の一般的敷引特約の場合は、イの要件が抜けることになる（最判平23．7．12（平22(受)676）最高裁HP）（太田・賃貸住宅管理の法的課題74頁・75頁）。

第3　敷金返還請求権確認の訴え
——敷金返還請求権についての確認の利益——

　賃貸借契約継続中の敷金返還請求権確認の訴えは、条件付きの権利として現在の権利または法律関係であるということができ、確認の対象として適格に欠けるところはないとされている。また、かかる条件付きの権利の存否を確定すれば、現に生じている不安ないし危険は除去されるといえるのであって、即時確定の利益があるということができるとされている（民事訴訟法講義案（再訂補訂）72頁（注1））[7]。

第4　礼金・更新料返還請求訴訟

1　礼金・更新料返還請求の訴訟物

　礼金・更新料は、敷金と同様に、賃借人から賃貸人に対し支払われる金銭であるが、敷金と違い、本来賃貸人から賃借人に返還されるものではないの

---

[7]　最判平11．1．21民集53巻1号1頁（敷金によって担保される債権の範囲や額が争われているわけではなく、賃貸人の地位を承継した被告が敷金交付の事実そのものを否認した事例）

で、礼金または更新料の返還を求める場合は、消費者契約法10条等による無効を理由とする、支払った礼金または更新料について、不当利得として返還を求めることになる（最判平23．7．15金商1372号7頁（更新料返還事例））。

2　礼金・更新料返還請求の請求原因

礼金または更新料返還請求の請求原因については、更新料返還についての最高裁判例（最判平23．7．15金商1372号7頁）が出されたので、それに従って、請求原因を主張する場合は、以下の点を主張することになる。

① 　賃借人から賃貸人に対する礼金または更新料の支払い
② 　礼金または更新料の額が高額すぎること

上記②の礼金・更新料の額の評価要素として、㋐賃料の額、㋑賃貸借契約の期間、㋒礼金等他の一時金の授受の有無およびその額等がある（最判平23．7．15金商1372号7頁（更新料返還事例））（太田・賃貸住宅管理の法的課題433頁②・441頁・442頁）。

3　礼金・更新料返還請求における抗弁

礼金または更新料返還請求における抗弁についても、上記2のとおり、更新料返還についての最高裁判例（最判平23．7．15金商1372号7頁）が出されたので、それに従って、この抗弁を主張する場合は、以下の主張をすることになると思われる（太田・賃貸住宅管理の法的課題427頁エ）・428頁・429頁①・439頁イ））。

① 　礼金または更新料条項が契約書に明示され賃借人が礼金または更新料を明確に認識していること
② 　礼金または更新料を授受する旨の合意が成立していること

第2部

資料編

Ⅰ　減価償却資産の耐用年数等に関する省令（昭和40年3月31日号外大蔵省令第15号）（抄）
Ⅱ　東京における住宅の賃貸借に係る紛争の防止に関する条例（平成16年3月31日条例第95号）
Ⅲ　東京における住宅の賃貸借に係る紛争の防止に関する条例施行規則（平成16年3月31日東京都規則第92号）
Ⅳ　賃貸住宅紛争防止条例に基づく説明書（モデル）
Ⅴ　手数料額早見表（平成16年1月1日施行）

Ⅰ 減価償却資産の耐用年数等に関する省令（昭和40年3月31日号外大蔵省令第15号）（抄）

主な減価償却資産の耐用年数表（不動産所得関係）
建　物

構造・用途	細　目	耐用年数	構造・用途	細　目	耐用年数
木造・合成樹脂造のもの	事務所用のもの 店舗用・住宅用のもの 飲食店用のもの	24 22 20	金属造のもの	事務所用のもの 　骨格材の肉厚が、 　① 4mmを超えるもの 　② 3mmを超え、4mm以下のもの 　③ 3mm以下のもの 店舗用・住宅用のもの 　骨格財の肉厚が、 　① 4mmを超えるもの 　② 3mmを超え、4mm以下のもの 　③ 3mm以下のもの 飲食店用のもの 　骨格材の肉厚が、 　① 4mmを超えるもの 　② 3mmを超え、4mm以下のもの 　③ 3mm以下のもの	38 30 22 34 27 19 31 25 19
木骨モルタル造のもの	事務所用のもの 店舗用・住宅用のもの 飲食店用のもの	22 20 19			
鉄骨鉄筋コンクリート造・鉄筋コンクリート造のもの	事務所用のもの 住宅用のもの 飲食店用のもの 　延面積のうちに占める木造内装部分の面積が30％を超えるもの 　その他のもの 店舗用のもの	50 47 34 41 39			
れんが造・石造・ブロック造のもの	事務所用のもの 店舗用・住宅用のもの 飲食店用のもの	41 38 38			

Ⅰ　減価償却資産の耐用年数等に関する省令（昭和40年3月31日号外大蔵省令第15号）（抄）

建物付属設備

構造・用途	細目	耐用年数	構造・用途	細目	耐用年数
アーケード・日よけ設備	主として金属製のもの その他のもの	15 8	電気設備（照明設備を含む。）	蓄電池電源設備 その他のもの	6 15
店用簡易装備		3	給排水・衛生設備、ガス設備		15

出典：国税庁 HP「耐用年数表について」
　　　https://www.keisan.nta.go.jp/survey/publish/22637/faq/22664/faq_22692.php

II 東京における住宅の賃貸借に係る紛争の防止に関する条例

平成16年3月31日
条　例　第　95　号

（目的）
第1条　この条例は、宅地建物取引業者（宅地建物取引業法（昭和27年法律第176号。以下「法」という。）第2条第3号に規定する宅地建物取引業者をいう。以下同じ。）が、専ら居住を目的とする建物（建物の一部を含む。以下「住宅」という。）の賃貸借に伴い、あらかじめ明らかにすべき事項を定めること等により、住宅の賃貸借に係る紛争の防止を図り、もって都民の住生活の安定向上に寄与することを目的とする。

（宅地建物取引業者の説明義務）
第2条　宅地建物取引業者は、住宅の賃貸借の代理又は媒介をする場合は、当該住宅を借りようとする者に対して法第35条第1項の規定により行う同項各号に掲げる事項の説明に併せて、次に掲げる事項について、これらの事項を記載した書面を交付して説明しなければならない。
　一　退去時における住宅の損耗等の復旧並びに住宅の使用及び収益に必要な修繕に関し東京都規則（以下「規則」という。）で定める事項
　二　前号に掲げるもののほか、住宅の賃貸借に係る紛争の防止を図るため、あらかじめ明らかにすべきこととして規則で定める事項

（紛争の防止のための措置）
第3条　知事は、住宅の賃貸借に係る紛争の防止のために必要な措置を講ずるよう努めるものとする。

（報告の聴取等）

第4条 知事は、この条例の施行に必要な限度において、宅地建物取引業者に対し、その業務に関する報告又は資料の提出を求めることができる。

（指導及び勧告）

第5条 知事は、宅地建物取引業者が次の各号のいずれかに該当する場合は、当該宅地建物取引業者に対し、説明を行い、又は報告若しくは資料の提出をし、若しくは報告若しくは資料の内容を是正するよう指導及び勧告をすることができる。

一　第二条の規定による説明の全部又は一部を行わなかったとき。

二　前条の規定による報告若しくは資料の提出をせず、又は虚偽の報告若しくは資料の提出をしたとき。

（公表等）

第6条 知事は、前条の勧告を受けた者が正当な理由なく当該勧告に従わなかったときは、その旨を公表することができる。

2　知事は、前項の規定による公表をしようとする場合は、当該勧告を受けた者に対し、意見を述べ、証拠を提示する機会を与えるものとする。

（委任）

第7条 この条例に規定するもののほか、この条例の施行について必要な事項は、規則で定める。

　　附　則

この条例は、平成16年10月1日から施行する。

資料編

Ⅲ 東京における住宅の賃貸借に係る紛争の防止に関する条例施行規則

平成16年3月31日
東京都規則第92号

(趣旨)
第1条 この規則は、東京における住宅の賃貸借に係る紛争の防止に関する条例(平成16年東京都条例第95号。以下「条例」という。)の施行について必要な事項を定めるものとする。

(宅地建物取引業者の説明事項等)
第2条 条例第2条第一号の規則で定める事項は、次に掲げる事項とする。
　一　退去時における住宅の損耗等の復旧については、当事者間の特約がある場合又は賃借人の責めに帰すべき事由により復旧の必要が生じた場合を除き、賃貸人が行うとされていること。
　二　住宅の使用及び収益に必要な修繕については、当事者間の特約がある場合又は賃借人の責めに帰すべき事由により修繕の必要が生じた場合を除き、賃貸人が行うとされていること。
　三　当該住宅の賃貸借契約において賃借人の負担となる事項
2　条例第2条第二号の規則で定める事項は、賃借人の入居期間中の設備等の修繕及び維持管理等に関する連絡先となる者の氏名(法人にあっては、その商号又は名称)及び住所(法人にあっては、その主たる事務所の所在地)とする。
3　知事は、宅地建物取引業者が条例第2条の規定による説明を適正に行うために必要な事項を示すものとする。

（勧告）
第3条　条例第5条の勧告は、勧告書（別記様式）により行うものとする。

（公表）
第4条　条例第6条第1項の規定による公表は、東京都公報への登載その他広く都民に周知する方法により行うものとする。
2　公表する事項は、次に掲げる事項とする。
　一　勧告を受けた者の氏名（法人にあっては、その商号又は名称及び代表者の氏名）
　二　勧告を受けた者の住所（法人にあっては、その主たる事務所の所在地）
　三　勧告の内容
　四　前三号に掲げるもののほか、知事が必要と認める事項

（意見陳述の機会の付与）
第5条　条例第6条第2項の意見を述べ、証拠を掲示する機会（以下「意見陳述の機会」という。）におけるその方法は、知事が口頭ですることを認めた場合を除き、意見及び証拠を記載した書面（以下「意見書」という。）を提出して行うものとする。
2　知事は、勧告を受けた者に対し意見陳述の機会を与えるときは、意見書の提出期限（口頭による意見陳述の機会の付与を行う場合には、その日時）までに相当な期間をおいて、当該勧告を受けた者に対し、次に掲げる事項を書面により通知するものとする。
　一　公表しようとする内容
　二　公表の根拠となる条例等の条項
　三　公表の原因となる事実
　四　意見書の提出先及び提出期限（口頭による意見陳述の機会の付与を行

う場合には、その旨並びに出頭すべき日時及び場所)

3 前項の規定による通知を受けた者(以下「当事者」という。)又はその代理人は、やむを得ない事情のある場合には、知事に対し、意見書の提出期限の延長又は出頭すべき日時若しくは場所の変更を申し出ることができる。

4 知事は、前項の規定による申出又は職権により、意見書の提出期限を延長し、又は出頭すべき日時若しくは場所を変更することができる。

5 知事は、当事者に口頭による意見陳述の機会を与えたときは、当事者又はその代理人の陳述の要旨を記載した書面を作成するものとする。

6 代理人は、その代理権を証する書面を、意見書の提出期限又は出頭すべき日時までに知事に提出しなければならない。

7 知事は、当事者又はその代理人が正当な理由なく意見書の提出期限内に意見書を提出せず、又は出頭すべき日時に口頭による意見陳述をしなかったときは、条例第6条第1項の規定による公表をすることができる。

　　附　則

この規則は、平成16年10月1日から施行する。

別記様式（第3条関係）

<div align="right">第　　　　号 年　　月　　日</div>				
<div align="center">あて <div align="right">東京都知事　　印</div> 勧告書</div>				
あなたが	行っている 行った	住宅の賃貸借に係る	代理媒介	の業務において、東京における住宅

の賃貸借に係る紛争の防止に関する条例第　条に違反する事実があったので、同条例第5条の規定により下記のとおり勧告します。

　なお、勧告に従わないときは、同条例第6条第1項の規定により、あなたの氏名又は商号その他必要な事項を公表することがあります。

記

1　物件名及びその所在地	
2　取引関係者	貸主 借主（予定）
3　契約（予定）日	年　　月　　日
4　違反と認められる理由	
5　とるべき措置	
6　報告	

（日本工業規格A列4番）

資料編

Ⅳ 賃貸住宅紛争防止条例に基づく説明書（モデル）

東京　太　郎　殿　　　　　　　　平成○○年○○月○○日

　東京における住宅の賃貸借に係る紛争の防止に関する条例第2条の規定に基づき，以下のとおり説明します。この内容は重要ですから十分理解してください。

　なお，この条例は，原状回復等に関する法律上の原則や判例により定着した考え方を，契約に先立って宅地建物取引業者が借受け予定者に説明することを義務付けたものです。

商号又は名称 代表者の氏名 主たる事務所 免許証番号 免許年月日	株式会社○○不動産 新宿　一郎　㊞ 新宿区西新宿○-○-○ 東京都知事(3)第12345号 平成○年○月○日	商号又は名称 代表者の氏名 主たる事務所 免許証番号 免許年月日	㊞
取引の態様	代理・⦅媒介⦆	取引の態様	代理・媒介
説　明　者	渋谷次郎	説　明　者	

※複数の宅地建物取引業者が関与する場合はそれぞれ記入し，説明を行った側は説明者を明記してください。

本説明書の対象建物

物件の所在地	東京都新宿区西新宿□-△-△スカイガーデン新宿　○○○号
名称及び室番号	スカイガーデン新宿　○○○号室
賃貸人の氏名・住所	中野　一太郎　　東京都中野区中央△-△-△

A-1　退去時における住宅の損耗等の復旧について
1　費用負担の一般原則について
　（1）　経年変化及び通常の使用による住宅の損耗等の復旧については，賃貸人の費用負担で行い，賃借人はその費用を負担しないとされています。
　　（例）壁に貼ったポスターや絵画の跡，日照などの自然現象によるクロスの変色，テレビ・冷蔵庫等の背面の電気ヤケ
　（2）　賃借人の故意・過失や通常の使用方法に反する使用など賃借人の責め

に帰すべき事由による住宅の損耗等があれば，賃借人は，その復旧費用を負担するとされています。
　　（例）飼育ペットによる柱等のキズ，引越作業で生じたひっかきキズ，エアコンなどから水漏れし，その後放置したために生じた壁・床の腐食

2　例外としての特約について
　賃貸人と賃借人は，両者の合意により，退去時における住宅の損耗等の復旧について，上記1の一般原則とは異なる特約を定めることができるとされています。
　ただし，特約はすべて認められる訳ではなく，内容によっては無効とされることがあります。
　　〈参考〉　判例等によれば，賃借人に通常の原状回復義務を超えた義務を課す特約が有効となるためには，次の3つの要件が必要であるとされています。①特約の必要性に加え暴利的でないなどの客観的，合理的理由が存在すること，②賃借人が特約によって通常の原状回復義務を超えた修繕等の義務を負うことについて認識していること，③賃借人が特約による義務負担の意思表示をしていること。

A－2　当該契約における賃借人の負担内容について

> 本契約では，賃借人の負担は原則どおりです。すなわち経年変化及び通常の使用による住宅の損耗等の復旧については，賃借人はその費用を負担しませんが，退去の時，賃借人の故意・過失や通常の使用方法に反する使用など，賃借人の責めに帰すべき事由による住宅の損耗等があれば，その復旧費用を負担することになります。

※特約がない場合：賃借人の負担は，A－1の1(2)の一般原則に基づく費用のみであることを明記してください。
　特約がある場合：上記の費用のほか，当該特約により賃借人が負担する具体的な内容を明記してください。

B－1　住宅の使用及び収益に必要な修繕について
1　費用負担の一般原則について
　（1）　住宅の使用及び収益に必要な修繕については，賃貸人の費用負担で行うとされています。
　　（例）エアコン（賃貸人所有）・給湯器・風呂釜の経年的な故障，雨漏り，建具の不具合

221

（2） 入居期間中，賃借人の故意・過失や通常の使用方法に反する使用など賃借人の責めに帰すべき事由により，修繕の必要が生じた場合は，賃借人がその費用を負担するとされています。
　（例）子供が遊んでいて誤って割った窓ガラス，お風呂の空だきによる故障

2　例外としての特約について
　上記1の一般原則にかかわらず，賃貸人と賃借人の合意により，入居期間中の小規模な修繕については，賃貸人の修繕義務を免除するとともに，賃借人が自らの費用負担で行うことができる旨の特約を定めることができるとされています。
　〈参考〉　入居中の小規模な修繕としては，電球，蛍光灯，給水・排水栓（パッキン）の取替え等が考えられます。

B－2　当該契約における賃借人の負担内容について

> 本契約では，畳表の取替え・裏返し，障子紙の張替え，ふすま紙の張替え，電球・蛍光灯の取替え，ヒューズの取替え，給水栓の取替え，排水栓の取替え，その他費用が軽微な修繕については，賃貸人の承諾を得ることなく，賃借人自らの負担において行うことができます。
> 　特約以外についての賃借人の負担は原則どおりです。すなわち住宅の使用及び収益に必要な修繕については，賃貸人の負担で費用負担で行いますが，賃借人の故意・過失や通常の使用方法に反する使用など，賃借人の責めに帰すべき事由により修繕の必要が生じた場合は，賃借人がその費用を負担することになります。

※特約がない場合：賃借人の負担は，B－1の1(2)の一般原則に基づく費用のみであることを明記してください。
　特約がある場合：上記の費用のほか，当該特約により賃借人が負担する具体的な内容を明記してください。

C　賃借人の入居期間中の，設備等の修繕及び維持管理等に関する連絡先となる者について

	氏　名 (商号又は名称)	住　所 (主たる事務所の所在地)	連絡先電話番号
1　共用部分の設備等の修繕及び維持管理等			
設備等の修繕・維持管理等	賃貸人 中野一太郎	中野区中央△－△－△	03-0000-0000

IV 賃貸住宅紛争防止条例に基づく説明書（モデル）

2 専用部分の設備等の修繕及び維持管理等			
内装，建具等の修繕	*賃貸人 中野一太郎*	*中野区中央△-△-△*	*03-0000-0000*
その他設備の修繕等	*○○管理株式会社*	*中野区中野□-□-□*	*03-1000-0001*

※原則は，賃貸人又は賃貸人の指定する業者。内容により連絡先が分かれる場合は区分してください。

　以上のとおり，説明することを確認しました。　　平成○年○月○日
　　　賃　　貸　　人　（住所）*東京都中野区中央△-△-△*

　　　　　　　　　　　（氏名）*中 野 一 太 郎*　　　　　　　　㊞

　以上のとおり，説明を受け，本書面を受領しました。　平成○年○月○日
　　　借受け予定者　　（住所）*東京都西東京市泉町○-○-○*

　　　　　　　　　　　（氏名）*東 京 太 郎*　　　　　　　　　㊞

※紛争の未然防止の徹底を図るためには，賃借人だけでなく，賃貸人に対してもできる限り説明し，説明内容についての確認をとっておくことが望ましい。その際には，説明書に賃貸人の確認「確認日・住所・氏名・押印」を受けておくようにしてください。

※*斜体文字*部分は記入例である。
※東京都都市整備局HP　賃貸住宅トラブル防止ガイドラインより

223

V　手数料額早見表（平成16年1月1日施行）

（単位：円）

訴額＼手数料	民事調停の申立て	支払督促の申立て	訴えの提起	控訴の提起	上告の提起
10万まで	500	500	1,000	1,500	2,000
20万	1,000	1,000	2,000	3,000	4,000
30万	1,500	1,500	3,000	4,500	6,000
40万	2,000	2,000	4,000	6,000	8,000
50万	2,500	2,500	5,000	7,500	10,000
60万	3,000	3,000	6,000	9,000	12,000
70万	3,500	3,500	7,000	10,500	14,000
80万	4,000	4,000	8,000	12,000	16,000
90万	4,500	4,500	9,000	13,500	18,000
100万	5,000	5,000	10,000	15,000	20,000
120万	5,500	5,500	11,000	16,500	22,000
140万	6,000	6,000	12,000	18,000	24,000
160万	6,500	6,500	13,000	19,500	26,000
180万	7,000	7,000	14,000	21,000	28,000
200万	7,500	7,500	15,000	22,500	30,000
220万	8,000	8,000	16,000	24,000	32,000
240万	8,500	8,500	17,000	25,500	34,000
260万	9,000	9,000	18,000	27,000	36,000
280万	9,500	9,500	19,000	28,500	38,000
300万	10,000	10,000	20,000	30,000	40,000
320万	10,500	10,500	21,000	31,500	42,000
340万	11,000	11,000	22,000	33,000	44,000
360万	11,500	11,500	23,000	34,500	46,000
380万	12,000	12,000	24,000	36,000	48,000
400万	12,500	12,500	25,000	37,500	50,000
420万	13,000	13,000	26,000	39,000	52,000
440万	13,500	13,500	27,000	40,500	54,000
460万	14,000	14,000	28,000	42,000	56,000
480万	14,500	14,500	29,000	43,500	58,000
500万	15,000	15,000	30,000	45,000	60,000
550万	16,000	16,000	32,000	48,000	64,000
600万	17,000	17,000	34,000	51,000	68,000

V 手数料額早見表（平成16年1月1日施行）

650万	18,000	18,000	36,000	54,000	72,000
700万	19,000	19,000	38,000	57,000	76,000
750万	20,000	20,000	40,000	60,000	80,000
800万	21,000	21,000	42,000	63,000	84,000
850万	22,000	22,000	44,000	66,000	88,000
900万	23,000	23,000	46,000	69,000	92,000
950万	24,000	24,000	48,000	72,000	96,000
1,000万	25,000	25,000	50,000	75,000	100,000

── 条文索引 ──

【さ行】

裁判所法
　24条1号　199
　33条1項1号　199
消費者契約法
　10条　50, 59, 109, 112

【ま行】

民事訴訟法
　4条1項　199
　4条2項　199
　368条1項　199

民事訴訟費用等に関する法律
　3条　200
　5条1項　187
　8条本文　200
　8条但書　200
　別表第1・1　200

民事調停法
　1条　185
　3条後段　186
　3条前段　186, 187
　16条　187
　19条　187
　24条　188

民法
　400条　62
　484条　199
　593条　53
　598条　53, 61
　601条　53
　612条1項　55
　612条2項　55
　616条　61

事項索引

【あ行】

訴え提起をする裁判所の場所　199
訴え提起をする第一審裁判所　199

【か行】

居住用建物の賃借人の死亡と賃借権の承継　55
クリーニング費用の賃借人負担　111
クリーニング費用の賃借人負担と消費者契約法10条　111
原状回復義務　61
原状回復をめぐるトラブルとガイドライン　62
原状回復特約　107
更新料　50
更新料と消費者契約法10条　51
更新料返還請求訴訟　209
更新料返還請求における抗弁　210
更新料返還請求の請求原因　210

【さ行】

敷金　56
敷金関係の承継　57
敷金返還請求関係訴訟　187
敷金返還請求権　56
敷金返還請求権の請求原因　189
敷金返還請求権の発生時期　57
敷金返還請求訴訟　203
敷金返還請求における抗弁等　205

敷引特約　59
敷引特約と消費者契約法10条　59
事物管轄　199
修繕特約　112
住宅賃貸借契約時の説明　49
少額訴訟の事物管轄　199
少額訴訟の審理裁判所　199
善管注意義務違反による原状回復義務　62
訴訟事件の管轄　199
訴訟事件の申立裁判所　199

【た行】

調停調書の効力　187
賃借権の承継　55
賃借人による通常損耗の負担　109
賃借人の善管注意義務違反による原状回復義務　62
賃貸借契約時の説明　49
賃貸住宅標準契約書　4
賃貸人の地位の承継　54
賃料債権　53
賃料債権と相続　53
通常訴訟の事物管轄　199
通常訴訟の第一審裁判所　199
通常損耗　61
通常損耗賃借人負担と消費者契約法10条　109
通常損耗の賃貸人負担　61
土地管轄　199

事項索引

【は行】

背信行為と認めるに足りない特段の事情がある賃借権の譲渡と賃貸人への対抗　55
被告の普通裁判籍（住所地）所在地を管轄する裁判所への訴え提起　199

【ま行】

民事調停の管轄　186

民事調停の申立先　186
申立手数料の納付　200

【ら行】

礼金　49
礼金と消費者契約法10条　50
礼金返還請求訴訟　209
礼金返還請求における抗弁　210
礼金返還請求の請求原因　210

── 判例索引 ──

大判大15．7．12民集5巻616頁 ································206
大判昭5．7．9民集9巻839頁 ·································58
最判昭29．6．25民集8巻6号1224頁 ··························112
最判昭33．9．18民集12巻13号2040頁 ··························54
最判昭36．4．28民集15巻4号1211頁 ···························55
最判昭37．12．25民集16巻12号2455頁・判時327号34頁 ···········55
最判昭39．6．19民集18巻5号798頁 ····························58
最判昭42．2．21民集21巻1号155頁・判時477号9頁 ··············55
最判昭43．1．25集民90号121頁・判時513号33頁 ················112
最判昭44．7．17民集23巻8号1610頁 ···························58
最判昭46．4．23民集25巻3号388頁・判時634号35頁 ··············54
最判昭48．2．2民集27巻1号80頁・判時704号44頁 ··············205
最判昭49．9．2民集28巻6号1152頁・判時758号45頁 ··············57
最判昭53．12．22民集32巻9号1768頁・判時915号49頁 ······58, 202, 204
最判平10．9．3民集52巻6号1467頁・判時1653号96頁・判タ985号131頁 ······61
最判平11．1．21民集53巻1号1頁 ··························205, 209
最判平17．9．8民集59巻7号1931頁・判時1913号62頁・判タ1195号100頁 ········53
最判平17．12．16判時1921号61頁・判タ1200号127頁 ··············60, 111
最判平23．3．24（平21㈹1679）最高裁HP ·················60, 110, 208
最判平23．7．12（平22㈹676）最高裁HP ·······················60, 208
最判平23．7．15（平22㈹863）最高裁HP・金商1372号7頁 ········50, 52, 210

229

[著者紹介]

園　部　　　厚（そのべ　あつし）

●著者略歴●

昭和61年3月最高裁判所書記官研修所一部修了し、最高裁判所刑事局、東京地方裁判所民事第21部主任書記官を歴任し、現在東京簡易裁判所判事

●主な著書および論文●

共著「問答式民事執行の実務」新日本法規出版、共著「平成2年度主要民事判例解説」判例タイムズ762号、共著（古島正彦）「承継執行文に関する若干の問題」書協会報117号、共著「債権執行の諸問題」判例タイムズ社、共著「Q&A不動産競売の実務」新日本法規出版、共著「不動産の競売手続ハンドブック〔改訂版〕」金融財政事情研究会、共著「供託先例判例百選〔第二版〕」別冊ジュリスト158号、「書式　意思表示の公示送達・公示催告・証拠保全の実務〔第五版〕」民事法研究会、「書式　借地非訟の実務〔全訂三版〕」民事法研究会、「書式　代替執行・間接強制・意思表示擬制の実務〔第五版〕」民事法研究会、「書式　不動産執行の実務〔全訂九版〕」民事法研究会、「書式　債権・その他財産権・動産等執行の実務〔全訂12版〕」民事法研究会、「わかりやすい労働紛争解決の手引〔第2版〕」民事法研究会、「わかりやすい物損交通事故紛争解決の手引〔第2版〕」民事法研究会、「わかりやすい貸金・保証関係紛争解決の手引」民事法研究会　　など

【わかりやすい紛争解決シリーズ③】
わかりやすい敷金等返還紛争解決の手引〔第２版〕

平成24年３月５日　第１刷発行

定価　本体2,300円（税別）

著　　者　園部　厚
発　　行　株式会社　民事法研究会
印　　刷　シナノ印刷株式会社

発行所　株式会社　民事法研究会
　　　　〒150-0013　東京都渋谷区恵比寿3-7-16
　　　　〔営業〕TEL 03(5798)7257　FAX 03(5798)7258
　　　　〔編集〕TEL 03(5798)7277　FAX 03(5798)7278
　　　　http://www.minjiho.com/　info@minjiho.com

落丁・乱丁はおとりかえします。　ISBN978-4-89628-758-5　C3332　¥2300E
カバーデザイン／袴田峯男

■事件類型別の被害救済から関連実務まで網羅！■

消費者事件実務マニュアル
――被害救済の実務と書式――

福岡県弁護士会消費者委員会 編

Ａ５判・464頁・定価　3,885円（税込　本体3,700円）

本書の特色と狙い

▶被害救済を適切・迅速に図るために、福岡県弁護士会消費者委員会において日頃第一線で活躍するメンバーが、豊富な実務経験と実務的・実践的な知識をもとにわかりやすく解説！

▶第１編では、事件類型ごとに取引のしくみや被害の概要、適用法令、参考判例・参考文献とともに、内容証明や訴状等の書式例を織り込み一体として解説をし、第２編では救済にかかわる手続について書式例を示しつつ詳しく解説！

▶特定商取引法、割賦販売法が適用される事件はもちろん、民法や消費者契約法などを適用した被害救済の実務上の留意点についても明示！

▶弁護士・司法書士をはじめとする法律実務家や、消費者被害の救済に従事する消費生活アドバイザー・コンサルタント、消費生活相談員、行政機関の担当者等にとって必携の１冊！

本書の主要内容

第１編　被害類型別救済の実務
住宅リフォーム／寝具訪問販売／健康食品／電話機リース／恋人商法／呉服の過量販売／クレジット名義貸し／エステティック被害／業務提供誘引販売（内職・副業商法など）／マルチ商法／国内公設商品先物取引／金融商品取引被害／不動産投資／ロコ・ロンドン貴金属取引（ＣＦＤ取引）／外国為替証拠金取引／未公開株商法／海外先物取引／海外先物オプション取引／パチンコ攻略法／包茎手術被害／霊感商法／敷金返還／オンラインショッピング・オンラインゲーム／インターネットオークション／アフィリエイト、ドロップシッピング／大学等の入学時納付金／預貯金過誤払い／旅行トラブル／探偵被害

第２編　被害救済のための手続
移送申立て／証拠保全／文書提出命令申立て／仮差押え一般／自動車の仮差押え／差押え一般／関連会社等に対する差押え（法人格否認の法理）／詐害行為取消権／役員等の個人責任の追及／債権者破産申立て／弁護士会照会（弁護士法23条の２による照会）

発行　民事法研究会

〒150-0013　東京都渋谷区恵比寿3-7-16
（営業）TEL. 03-5798-7257　FAX. 03-5798-7258
http://www.minjiho.com/　info@minjiho.com